笃行

Duxing

史炯华　主编

上海市北蔡中学
项目化学习实践探索

文匯出版社

前　言

项目化学习：北蔡中学的校本化实践探索

史炯华

2019 年 6 月,《中共中央国务院关于深化教育教学改革全面提高义务教育质量的意见》指出：要切实提高教学质量,特别强调要优化教学方式,积极探索基于学科的综合化教学,积极开展研究型、项目化、合作式学习。

2020 年 11 月,上海市北蔡中学被确定为"上海市义务教育项目化学习三年行动计划"实验校。2021 年 3 月,学校又被确定为"浦东新区义务教育项目化学习三年行动计划"种子校。如何依照《上海市义务教育项目化学习三年行动计划(2020—2022 年)》文件要求,根据学校的办学优势与学生发展的需求,开展项目化学习,在促进学校教与学方式变革的基础上,进一步激发学校的办学活力,促进师生共同成长,北蔡中学为此而不断思考,努力尝试校本化的实践与探索。

一、实施项目化学习的北中缘由

(一)基于"四有校园"的打造

十年来,北蔡中学以"明德至善、切问近思"为学校办学理念,构建"有品位的校园文化""有品质的德育模式""有建树的教学探索""有修为的学生成长"的"四有"校园,从而让每一位师生"在这里,与最好的自己相遇"。无论是"四有校园"的打造,还是让师生与最好的自己相遇,都需要改变现有的教育教学方式,都需要引入相应的教育教学项目,在逐步的、缓慢的改变与变革中,推进学校未来的发展。

(二)结合"面向生活"的课题实践

多年来,北蔡中学一直以课题作为引领,实践"面向生活"的课程与教学,以"关注生活、理解生活、走进生活"为方向,为学生提供各式各样的课程,满足学生对优质的教育与教学的需求。"面向生活"的实践与项目化学习强调的与学生生活实际结合、注重不同类型知识的整合、强调学习的实证性,以及鼓励团体协作,发挥学习共同体的作用等特征相一致。

（三）满足"学生成长"的需求

为了能让每一位学生在北中的校园与最好的自己相遇，做最好的自己，一是从学习发展角度满足学生有效学习的需求，旨在通过培养学生学习的兴趣，发展学生的个性特长，提升学生的规范学习、自主学习、研究学习等方面的学习素养，拓展学生的知识领域，培养创新精神和实践能力。二是从多元发展角度满足学生适应未来的需求，旨在通过培养学生的团队合作意识，提高学生的思想品德修养和审美能力，陶冶情操，增进身心健康，使学生爱国家、爱学校、爱生活，适应社会。

（四）支持"教师专业"的发展

教育部等八部门印发《新时代基础教育强师计划》、教育部印发《义务教育课程方案和课程标准（2022 年版）》等，势必要通过提高教师的教育教学的主动性，提升教师的专业素养。学校也将依托各种形式、多种途径的优秀项目来支持"教师专业"的发展。

二、实施项目化学习的北中实践框架

在"至善教育"的思想指导下，学校从广度和深度两个维度构建"至善课程"体系。从广度来看，组建十大课程群，做到学科全覆盖，细化各学科群的分年级细目实现年级全覆盖，围绕各学科核心素养达成能力全覆盖。从深度来看，以学生的生活为依托，遵循学生发展规律，采用螺旋上升式教学培养核心素养与专业能力，努力实现课程源于学生生活、融入学生生活、创造学生生活。学校将以项目化学习的引入与实施作为第三维度，以创造性问题解决能力为导向，以项目化学习的实践和研究为着力点，通过学科项目、跨学科项目、活动项目等三个载体，开展实践研究，使项目化学习落地生根。

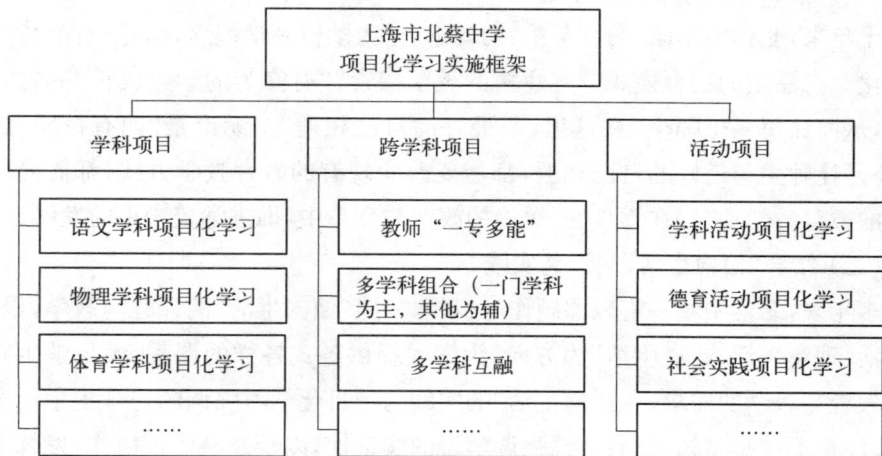

（一）学科项目建设

在严格执行"国家课程方案"规定"基础型课程"标准的前提下，学校以"以点带面""先行＋跟进"的方式开展学科项目化建设。在 2021 年上半年的上海市项目化学习实验校申报过程中，学校以物理学科作为试点学科，以"初中物理学科相关领域项目化学习的实践研究"为具体学科项目进行了申报。在 2021 年下半年的浦东新区项目化学习种子校申报过程中，学校以"基于生活的项目化学习实践研究"为学科集群项目进行了申报，旨在带动其他学科的共同实践。学校通过教工大会、教研组备课组会议和活动，鼓励教师根据学生实际，遵循"关注生活、理解生活、走进生活"的原则，寻找驱动性问题，形成相应的项目化学习设计方案，开展实践研究。"'开小型音乐会'项目方案设计与实施""'近视眼的预防和矫正'项目方案设计""形义结合，对话文本'项目化学习"等项目在各学科教研组应运而生。

（二）跨学科项目建设

学校一直倡导教师应主动关心学生生活中出现的种种元素，经常思考如何激发、满足学生全面发展的各种因素，建议通过关联性学科教师之间的组合、办公室组内教师之间的组合、教师自己"一专多能"自我组合等途径，打破学科之间的壁垒，形成融合多学科知识能力的科创项目。学校的科学教研组，以本学科为基础，通过不同的组合方式，形成了"种出'芳香'，戴出'健康'"跨学科项目系列，如"阳光房项目温室设计"项目，科学教研组与信息技术教研组结合，共同完成硬件模块组件、软件编程；"戴出'健康'"项目，科学教研组与劳动技术教研组结合，制作出了精美的香囊，将保健用于日常（佩戴）。

（三）活动项目建设

学校教师研修中心、教学研究中心、学生发展中心等管理部门，通过开展"学生需求"调查，本着"立德树人"的教育根本任务，综合本校办学理念和办学目标，学校资源、环境、师资等条件，融入爱国主义、社会主义核心价值观、中华优秀传统文化、公民道德等元素，设计实施相关的活动项目。如"'我是学校代言人'项目"作为预备年级新生的活动项目，引导学生自主合作探究北蔡中学校园环境、校园文化，用心观察校园生活，进行自我认知和关系建立，对未来四年进行规划，展示学校与自我风采；"我是'上海小导游'项目"，引导学生制定上海游览路线，用英语介绍上海的人文历史。

三、实施项目化学习的北中实践探索——以"航创项目化课程"为例

航创课程，作为一种专题学习形式，学校将其纳入项目化学习的范畴，在实践与研究的过程中凸显学习的探究性、实践性、综合性三个特点。

（一）项目化课程建设目标

项目化课程建设目标：在突出"航创"特色背景下，形成多种"主题—专题"系列的综合性项目化课程体系；在课程开发中形成联盟课程研发机制；在课程实施中形成特色课程群迭代提质机制。

教师发展目标：围绕"航创"项目化课程建设和全要素优化，打造一种跨学段、跨学校、跨学科的教师研修模式；提升教师对综合课程开发、实施全过程体验下的专业能力；伴随现代技术运用培育教师的全天候教学专业素养。

学生培育目标：结合海洋主题探究，初步掌握专题阅读与分析能力；借助与海洋文化"科创课程"和相关项目化问题探究，在体验中逐步形成基础创造力；通过走进校外专题教育场馆和科技专业人士来校等途径，拓展海洋科技与文化视野并提升综合实践能力。

（二）项目化课程实施途径

"普及＋提高"的结合，以初二年级、初三年级作为项目化课程实施的"普及"，纳入学校的课表，旨在全员参与项目化课程的学习；以初二年级、初三年级项目化兴趣小组作为项目化课程实施的"提高"，纳入学校每周五的拓展课程，从项目的深入着手，提升学生对航创项目的深度研究。

"面＋点"的结合，以初中物理、初中地理、初中历史等三门学科相结合的方式作为项目化学习内容的"面"，综合推进项目化课程的学习；以初中物理学科中的"力"作为项目化学习的"点"，聚焦物理的能量守恒。

（三）项目化课程实施内容

1. 全员参与的项目化课程学习内容

全体学生的航海特色课程在线慕课学习；

全体学生参与的微型讲座（普及地理、科学、物理等相关知识，激发学生对该课程的学习兴趣）；

全体学生参与的小报比赛（学生自主学习，查阅资料、积累分享相关知识）；

全体学生参与的航海知识竞赛；

全体学生参与的航海专题网络课程学习（暑期活动手册），自行设计邮轮航线。

2. 兴趣小组参与的项目化课程学习内容

兴趣小组参与的暑期夏令营；

兴趣小组参与的科创大赛。

　　北蔡中学的项目化学习实践探索至今已有一年多时间，老师和学生们在实践的过程中，都发挥了各自的聪明才智，关注问题的提出、着重实践的过程，从而引发学生的内在需求、积淀学科素养和创造性解决问题的能力。当然，面对教育的变化，如何让项目化学习在"双减"背景下发挥其真正的功效，如何以项目化学习推动五育并举、五育融合的探索，等等，都将是我们进一步深入思考的问题，最终的目的是让项目化学习在北中的校园里开花结果。

目 录

C　其 他 项 目

D　制 度 建 设

E 实 践 心 得

A

领 衔 项 目

"开小型音乐会"项目方案设计与实施

康 伟

一、项目类型

学科项目。

二、项目覆盖学科

物理、音乐。

三、项目简述

这个项目是面向初二年级学生的学科类型的项目。之所以确定这个项目,是因为初二物理有声音这一单元学习内容。本次项目设计的驱动性问题是如何制作乐器并发出不同的音阶,学生在这个项目中需要经历的学习过程如下:学生在利用身边的物品自制乐器,组合进行演奏的项目过程中,学习声波的产生和传播,乐音的三个特征和噪声的危害及控制,聆听微讲座,研究乐器构造,进行音阶实验研究,并制成乐器,一步一步完成项目,对声音这一单元知识深度理解,最后形成项目成果。个人成果:利用身边的物品制作一件简单的乐器。团队成果:组合每件乐器作品,开小型音乐会。学生的创造性体现在能用生活中的材料制作简单乐器并演奏,学生在项目实施过程中对于声波的产生和传播、乐音的三个特征和噪声的危害及控制有了更深的理解。

(一) 学科知识

1. 知道声波的产生和传播

知道声波产生的原因;知道什么是声波;知道声波可以在固体、液体和气体中传播,且速度不同;知道声波不能在真空中传播。

2. 知道乐音和噪声

知道乐音的三个特征,即响度、音调和音色;知道响度与发声体振动幅度及离发声体远近的关系;知道音调跟发声体振动频率的关系,知道发声体的振动频率与发声体的结构有关;知道噪声的危害与控制方法。

(二)学科能力

1. 发声。

2. 音阶。

(三)大概念

声音的三个特征。

(四)学习素养

1. 创造性实践:利用身边的物品制作乐器并能弹奏。

2. 探究性实践:探究声波的产生和传播、乐音三个特征影响的因素。

3. 社会性实践:向大家介绍和演奏自己所做的乐器。

4. 调控性实践:明确实验目标,在过程中制订计划。

5. 审美性实践:利用示波器等实验器材测量每种乐器不同音阶是否在它的频率范围之内,并绘制不同音阶的示波图。

6. 技术性实践:通过教材知识的学习及运用网络搜索各种乐器的知识;制作关于音阶产生的实验数据统计图表,形成一到两个能呈现学习过程的成果。

(五)驱动性问题所蕴含的高阶认知

1. 问题解决:学生通过探索,知道物体发出不同音阶声音的过程,掌握物体的振动会发声,并需要介质传播,通过改变发声体的频率(长度、粗细、松紧、大小等)及材料使物体发出不同音阶的声音。

2. 创见:通过乐器的演奏,体会音乐的美感。

3. 系统分析:通过示波器的图形,分析制作的乐器音调是否准确。

4. 实验:进行相关实验,有利于推进设计的进程。

5. 调研:进入乐器商店观察,或者通过网络调研,决定制作乐器的样式。

(六)挑战性问题

1. 本质问题:声音是怎么产生的?

2. 驱动性问题:如何制作乐器并发出不同音阶的声音?

子问题 1：如何让物体发出不同强弱的声音？

子问题 2：如何让不同的物体发出相同音阶的声音？

子问题 3：如何让物体发出不同音阶的声音？

四、预期成果与评价

（一）预期成果

1. 个人成果：用吸管、玻璃杯等器材制作一个简单乐器。

2. 团队成果：组合每件乐器作品，开小型音乐会。

（二）预期评价（核查单、量规、提问、测试题等）

	发声、音阶	演奏乐曲	加 分 项
A	能准确地区分七个音符	能演奏一首乐曲	外形美观，制作有创意
B	能区分几个音符	能演奏一部分乐曲	外形美观，制作创意一般
C	能发声	能演奏几个音符	外形一般，制作创意一般

设置奖项：一等奖 3 名，二等奖 6 名，三等奖 9 名。

个人评价的知识和能力：发声、音阶。

团队评价的知识和能力：乐曲的构成。

五、预计实施过程

时间	进 程	评 价 点	学 习 支 架
第一周	入项	搜索有关乐器方面的知识。	什么是项目化学习？怎么实施项目化学习？
第二周	子问题 1：如何让物体发出不同强弱的声音？	影响响度大小的因素。	自主学习，学生分组测量。
第三周	子问题 2：如何让不同的物体发出相同音阶的声音？	音调与材质的关系。	制作乐器的一般材料。

续 表

时间	进　程	评 价 点	学 习 支 架
第四周	子问题 3：如何让物体发出不同音阶的声音？	音调与频率的关系。	网上搜索不同音阶的频率。
第五周	出项	区分音阶，演奏乐曲。	学习乐器演奏的技巧。
第六周	反思与迁移	反思的小结，改进的方案。	

（一）核查清单

1. 我做好了项目的设计书并听过了同伴和代表学生的意见。

2. 我对每一个阶段的项目的检核点都清楚。

3. 对于学生最后将要产生的成果及如何评判其质量我是清楚的。

4. 我对学生如何分组心中有数。

5. 我准备了过程中的学习支架以支持不同类型和水平的学生。

6. 我有简略的课时计划。

7. 我准备了项目中必要的相关资源、表单、PPT 等。

8. 我确认了活动所需要的场地、相关外部支持人员等。

9. 我留出了教室、走廊空间进行项目化学习的研究和展示。

（二）实施过程

工具：KWH/KWL 表

关于这一问题 我的已知	关于这一问题 我想知道	关于这一问题 我打算如何解决（进一步学习）

附件：项目单

如何制作乐器并发出不同音阶的声音

班级：　　　　　姓名：　　　　　学号：

核心知识：

知道声波的产生和传播。1. 知道声波产生的原因；2. 知道什么是声波；3. 知道声波可以在固体、液体和气体中传播,且速度不同;4. 知道声波不能在真空中传播。

知道乐音和噪声。1. 知道乐音的三个特征,即响度、音调和音色;2. 知道响度与发声体振动幅度及离发声体远近的关系;3. 知道音调跟发声体振动频率的关系,知道发声体的振动频率与发声体的结构有关;4. 知道噪声的危害与控制方法。

关键概念:声音的三个特征

小组成员及分工:

项目简述:

器材:

步骤:

拟解决的问题:

成果与评价	个人成果:	评价的知识和能力: 发声 音阶
	团队成果:	评价的知识和能力: 乐曲的构成
	公开方式:开小型音乐会 网络发布( )成果展( )张贴( )	

六、撰写反思笔记

讲述自己和团队制作乐器的历程及对声音知识的理解。

(一) 项目比较好的心得

在项目开展之前要做好项目开展的整体设计,根据整体情况,做好子问题设计,搭好学习支架,对项目开展需要的清单,提前做好准备,便于项目的顺利开展实施。

(二) 可以改进的地方

项目化学习意在激发学生学习兴趣,使学生长久地积极地沉浸其中,才能更好地激发学生的主动性和创造性。因此项目能否最大限度激发学生兴趣,是重要的一个因素。在项目设计和实施前,教师应该更多地调研并充分听取学生的建议,设计多个不同的项目,供不同兴趣的学生选择,最大限度地照顾每个学生的兴趣。

(三)学生能够迁移的能力

通过本项目完整的运作过程,学生对于解决一个实际问题经历的过程有了亲身体会,对以解决实际问题为导向的项目化学习的流程有了比较清晰的认识。在此基础上,大部分同学通过本项目学习,初步具备了以后根据实际问题调查研究、分解问题、合作探究等逐步完成项目的能力。

我认为合作探究这个环节十分重要。因为项目化学习中会涉及许多学生的合作探究,因此如何让学生有效率地完成合作探究是很重要的。有效的合作探究可以更好地推进项目化学习。无效的合作探究只会白白浪费时间。在我看来,好的合作探究需要具备以下要素。首先,教师任务发布明确,学生能够理解任务要求。如果连任务都不清晰,那么学生就很难开展接下来的活动了。因此需要有明确的规则和目标。其次,小组的每个人分工明确。这里可以由老师指定几个"工位",例如在分享方案互相提建议的过程中,可以确立"演说者"(负责方案的解读)和"聆听者"(负责听取其他组方案,并给予一些建议)。最后,需要构建良好的学习支架,例如在分享过程中会收集到很多其他小组的建议,那么如何规整这些建议呢?是不是可以运用一些便利贴、量表等对建议进行分类?在项目化初期,学生的积极性还是比较高的。但是学校的学科压力比较大,学生花在项目上的精力较少。许多老师对于项目化学习的接受度不高。但在活动中,学生学习了很多学科知识,提高了自己的实验能力和动手能力。

学科项目是学生自主或合作探索学科中与真实情境有关的问题项目。在做项目的过程中体现学科关键能力,在成果中体现学科核心知识。纵观此次项目化的整个过程,让我感受到教与学的方式的变革。在有趣的驱动性问题下激发学生对项目的探索欲,在学生的不断试错中教师给予适当的支架,可以帮助学生主动发现问题并保持思考力。哪些是旧知?哪些是新知?在重新梳理知识框架以后,学生们的自主学习和探究能力得到了不同程度的提升。

"近视眼的预防和矫正"项目设计

顾丽琴

一、项目类型

学科项目。

二、项目覆盖学科

物理、科学、数学。

三、项目简述

这个项目是面向初二年级学生的学科类型的项目。之所以确定这个项目,是因为初一科学课有《眼睛的结构》,初二物理课有《凸透镜成像》,这些学习内容相关性比较大。

本项目设计的驱动性问题:近视眼怎么预防和矫正?学生在这个项目中需要经历的学习过程:先了解眼睛的结构,利用实验器材探究眼睛看清事物的原理,并总结出"凸透镜成像"的规律;然后利用"眼睛看事物为什么需要睫状体调节晶状体的弯曲程度"这一挑战性问题,了解眼睛各个结构的用途,进而找到近视眼的成因,对预防近视眼给出建设性意见,并利用实验手段找到近视眼矫正的方法。在探究"凸透镜成像规律"实验过程中,产生了很多的实验数据,结合凸透镜"经过光心的光线方向不改变"的知识,利用光路图将各次实验用建模的方式呈现出来,引出数学中的"相似三角形"模型,以此来进行相似三角形的学习。

最后形成的项目成果是组织辩论赛或小论文,主题是"近视了该不该佩戴眼镜"。整个过程的每个阶段完成对近视眼相应内容分析后,都对远视眼的成因、预防和矫正进行类比的分析和研究,起到巩固和加强的作用。

本项目中学生的创造性体现在利用实验器材将眼睛的成像原因呈现出来,用具体的现象代替形象的思维;再通过实验现象总结出规律,并利用数据建立数学模型,学习再次由具体到抽象,培养了学生的抽象思维能力。

(一)学科知识

1. 知道眼睛的结构。

2. 知道并能识别凸透镜和凹透镜。

3. 知道凸透镜对光的会聚作用和凹透镜对光的发散作用;知道透镜的主光轴、光心、焦点、焦距、物距和像距。

4. 凸透镜成像的规律以及眼睛成像的特点。

5. 相似三角形定义的认识与理解。

(二)学科能力

1. 实验归纳能力。

2. 概括能力。

3. 应用能力。

(三)大概念

凸透镜成像规律。

(四)学习素养

通过对近视眼的研究与学习,获得生长性经验,再对远视眼的形成原因与矫正生成新的知识与经验。

1. 创造性实践:眼睛看事物与学科知识融合。

2. 探究性实践:利用实验完成凸透镜成像规律的探究。

3. 社会性实践:知道视力保护的重要性。

4. 调控性实践:明确实验目标,在过程中制订计划。

5. 技术性实践:通过实验找到凸透镜成像的规律。

6. 通过多个实验数据建立模型,找到相似三角形。

(五)驱动性问题所蕴含的高阶认知

在对眼睛的结构进行了解后,要从这些结构中提炼出对视觉产生影响的主要结构,并利用实验器材进行实验探究,并加以应用。

1. 问题解决:学生通过对眼睛构造的了解,找到凸透镜模型,再通过实验对凸透镜成像的规律进行探究,并将之应用到眼睛成像的原理解释中;对实验中众多凸透镜成像数据进行建模,找到相似三角形,并对相似三角形的特点进行总结。

2. 创见:对实验众多凸透镜成像数据进行建模,找到相似三角形。

3. 实验:对眼睛进行解剖,找到眼睛的核心结构;利用凸透镜进行凸透镜成像规律的研究。

(六)挑战性问题

1. 本质问题:眼睛为什么会近视?

2. 驱动性问题:近视眼怎么预防和矫正?

子问题 1:眼睛是如何看清事物的?

子问题 2:眼睛看事物为什么需要睫状体调节晶状体的弯曲程度?

子问题 3:如何预防近视眼?

子问题 4:近视眼如何矫正?

四、预期成果与评价

(一)预期成果

1. 个人成果:能独立完成各个阶段的任务单。

2. 团队成果:各个阶段的小报呈现;参加辩论会。

(二)预期评价(核查单、量规、提问、测试题等)

1. 个人:详见"附录 1"。

2. 团队:各阶段小报;辩论赛或小论文,详见"附录 2"。

五、预计实施过程

时　间	项目实施进程	评　价　点	学习支架
第一周	入项:眼睛知识知多少?	子问题的收集与分解。	问题分解框图 KWL。
第二周	子问题1:眼睛是如何看清事物的?	对凸透镜成像的理解。	利用实验寻找规律。
第三周	子问题2:眼睛看事物为什么需要睫状体调节晶状体的弯曲程度?	对眼睛各个结构的理解。	利用类比的学习方法实现知识点应用。
第四周	子问题3:近视眼形成的原因是什么?	对眼球结构的变化的理解。	利用实验及问题引导学生进行知识的迁移。

续 表

时 间	项目实施进程	评 价 点	学习支架
第五周	子问题 4：近视眼如何矫正？	理解凸透镜和凹透镜对光的作用。	利用实验寻找规律将理性思维转化为可视化操作。
第六周	子问题 5：凸透镜成像实验利用画图的方式表示出来，它们有什么共同特点？	相似三角形的特点。	利用建模的方法寻找规律。
第七周	出项 小论文："预防或矫正近视的方法介绍"，选择一个角度进行专业阐述。	论文中的专业知识作为加分项。	评价表单。
第八周	反思与迁移	各个子问题的反思；对远视眼的成因、预防和矫正的迁移。	完成 KWL 表中的 L 部分。对远视眼预防和矫正的建议表。

（一）核查清单

1. 我做好了项目的设计书并听过了同伴和代表学生的意见。

2. 我对每一个阶段的项目的检核点都清楚。

3. 对于学生最后将要产生的成果及如何评判其质量我是清楚的。

4. 我对学生如何分组心中有数。

5. 我准备了过程中的学习支架以支持不同类型和水平的学生。

6. 我有简略的课时计划。

7. 我准备了项目中必要的相关资源、表单、PPT 等。

8. 我确认了活动所需要的场地、相关外部支持人员等。

9. 我留出了教室、走廊空间进行项目化学习的研究和展示。

（二）实施过程

工具：KWH/KWL 表

关于这一问题 我的已知	关于这一问题 我想知道	关于这一问题 我打算如何解决（进一步学习）

附件1：项目单

近视眼的预防和矫正

核心知识：1.知道眼睛的结构。2.知道并能识别凸透镜和凹透镜。3.知道凸透镜对光的会聚作用和凹透镜对光的发散作用；知道透镜的主光轴、光心、焦点、焦距、物距和像距。4.凸透镜成像的规律以及眼睛成像的特点。5.相似三角形定义的认识与理解。

关键概念：凸透镜成像规律。

小组成员及分工：

第 一 节 课

1.调查班级同学的视力情况。（班级总人数_____）

视力正常的人数_____；占比_____。

轻度近视的人数_____；占比_____。

中度近视的人数_____；占比_____。

高度近视的人数_____；占比_____。

（轻度近视，通常是指300度以内的近视，其中包括300度的；中度近视，指325～600度之间的近视；高度近视，通常是指超过600度的近视。）

2.调查：你想知道有关眼睛的哪些知识呢？将它们记录在下面。

第 二 节 课

3.写出眼睛的各个结构对应的功能。

（1）（　　　　）和（　　　　　　）共同作用相当于一个凸透镜。

（2）（　　　　　）相当于光屏。

（3）（　　　　　）调节（　　　　　　）的弯曲程度。

（睫状体放松，晶状体_____，睫状体收缩时，晶状体_____。）

（4）（　　　　　）调节瞳孔大小。

4.眼睛看到事物的原理。

记录下凸透镜成像的原理。

5.描述眼睛看事物需要睫状体调节晶状体的弯曲程度的原因。

第 三 节 课

6.思考近视眼的成因，将查找到的原因记录在下面。

7. 形成近视眼的实质是什么？

8. 讨论如何预防近视眼。

第 四 节 课

9. 近视眼要看清楚事物,如果不采取措施矫正,应该怎么做？为什么？

10. 阐述近视眼的矫正方法以及理由。

近视眼的矫正方法：

理由：

第 五 节 课

11. 凸透镜成像实验利用画图的方式表示出来,它们有什么共同特点？

12. 找出这些对应三角形的规律。

附件 2：辩论赛或小论文评价表单

评 价 项 目	得分
1. 眼睛知识的应用。	
2. 近视眼成因的分析。	
3. 所用事例的合理性。	
4. 辩论的逻辑性。	
5. 观点的陈述。	

"眼睛成像模拟"教学设计

李新霞

一、教学任务分析

(一) 学情分析

凸透镜成像规律是初中物理的重要内容,是光的折射、透镜知识的综合应用,又是进一步学习眼睛成像原理的重要基础,是集物理现象、物理概念、物理规律为一体的课程。眼睛是人体的重要器官,对学生来说既熟悉又陌生。通过初中生命科学的学习,学生已经初步了解眼睛的基本结构,但对于眼睛成像的原理还比较模糊,只是停留在简单基本的理论层面。本课的主要内容就是通过科学探究活动,找出眼睛看清距离不同物体的原因,安排了学生猜想、设计实验、实验探究、合作交流等教学过程,让学生经历了产生兴趣、发现问题、激发矛盾、解决问题的过程,很好地体现了项目化学习的要求,让学生亲自动手,体验在知识的形成、发展过程中主动获取知识。

(二) 教学重点和难点

1. 教学重点:眼睛成像原理。
2. 教学难点:远处和近处的物体为何都能落在视网膜上。

二、教学设计思路

本节课的关键点在于问题情境的创设,激发学生的探究欲望,使学生形成积极的学习态度,引导学生动口、动手、动脑,培养学生自己获取知识、分析解决问题、交流合作的能力。

本节课的突破性难点在于眼睛成像不是简单的凸透镜成像的应用,需要学生找到两个实验最大的不同点:眼睛成像的像距是不能发生变化的,需要改变凸透镜的焦距,实际探究过程中还会遇到各种各样的问题,怎样逐步解决问题,完成实验探究,能够很好地培养学生通过亲自实验总结规律的能力,又能加强学生实验操作技能的训练。

三、教学目标

1. 知识与技能:认识眼球结构,知道眼睛怎么看清物体的,不同距离的物体成像如何落在视网膜上。

2. 过程与方法:通过对眼睛成像的模拟,增强探索知识的能力;在实验探究中培养团结合作的意识。

3. 情感态度与价值观:知道学校为何坚持安排眼保健操,积极配合,不再排斥,并能用道理说服他人保护眼睛。

四、教学准备

光具座、发光体、凸透镜、水透镜、多媒体课件、项目单、相关资料。

五、过程框架及问题设计

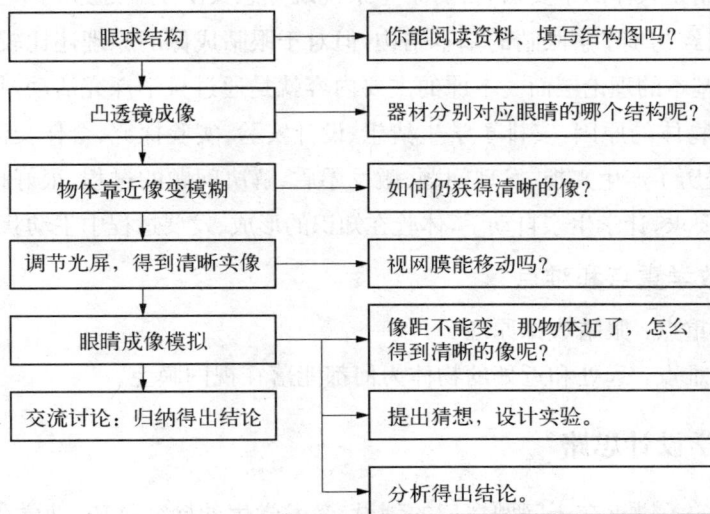

眼球结构	→	你能阅读资料、填写结构图吗?
凸透镜成像	→	器材分别对应眼睛的哪个结构呢?
物体靠近像变模糊	→	如何仍获得清晰的像?
调节光屏,得到清晰实像	→	视网膜能移动吗?
眼睛成像模拟	→	像距不能变,那物体近了,怎么得到清晰的像呢?
交流讨论:归纳得出结论	→	提出猜想,设计实验。
		分析得出结论。

六、教学过程

(一) 创设情境,引入新课

1. 带学生欣赏美景,我们能看到这些美景都归功于我们的眼睛。

2. 提出问题:眼睛又是如何能看清物体的呢?

（二）新课

1. 挑战性问题：如何解释清楚眼睛成像的原理？

2. 学生讨论需要解释清楚哪些方面的问题，并将问题罗列出来。

（三）学生活动

1. 学生查找阅读资料，填写项目单"眼球结构图"。

2. 眼睛看到的物体在物距上有什么特点？

3. 凸透镜成像中减小物距，怎样得到一个清晰的像呢？

4. 眼睛成像与凸透镜成像有区别吗？

5. 学生讨论使用水透镜的注意事项。

6. 学生设计实验，记录表格。

7. 分析数据，得出结论。

七、教学板书

眼睛成像模拟

（一）结构图填写

（二）晶状体——凸透镜

视网膜——光屏

（三）倒立缩小的像

（四）像距不能变

（五）物体靠近，注水还是抽水

附件：

模拟眼睛成像任务单

1. 写出下图中眼睛的各个结构名称

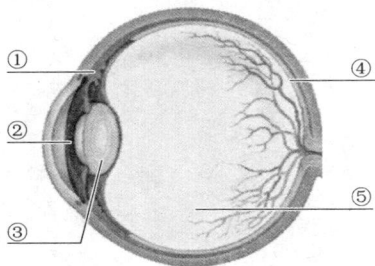

2. 填空

(1)＿＿＿＿＿＿相当于一个**凸透镜**。

(2)＿＿＿＿＿＿相当于**光屏**。

3. 实验

实验序号	物距(cm)	像距(cm)
1		
2		

4. 思考：眼睛成像时,视网膜到晶状体的距离(像距)能发生变化吗？

5. 通过实验发现,物体靠近凸透镜,像距不变的情况下,需要用注射器＿＿＿＿＿＿＿＿＿＿(选填"注水"或"抽水"),才能在光屏上得到清晰的像。

结论：物体靠近凸透镜,保持像距不变,凸透镜焦距＿＿＿＿＿＿＿＿＿(选填"增大"或"减小"),可以在光屏上成清晰的像。

6. 阅读资料,找到眼睛是通过＿＿＿＿＿＿＿＿＿(填写眼睛结构)来实现改变晶状体的厚度,并简单说明不同距离物体在眼睛中成像的原理。

以串联电路单元复习为例浅谈
项目化学习的实施

康　伟

随着上海市中考改革的不断推进,对学生创新能力及实践能力的培养上升到了新的高度。物理作为一门基础学科,在实施过程中更应注重学生的能力培养。在初中物理教学中引入项目化学习,一方面是基于课程标准中学科核心知识的学习;另一方面直指学生思维创新能力、探究实践能力的培养。这种项目化学习的定位,体现了学科学习的学与教方式的变革和真实问题解决情境的整合,更为实际的是,教师可以通过项目化学习方式对课程标准中的知识和能力进行有效教学及培养。

一、项目化学习的界定及准则

对于项目化学习的界定,阐述比较详细的是巴克教育研究所:学生在一段时间内通过研究或挑战一个真实的、有吸引力的和复杂的问题、课题,从而掌握重点知识和技能。项目化学习的重点是学生的学习目标,包括基于标准的内容以及如批判性思维、问题解决、合作和自我管理等技能。

基于这个界定,巴克教育研究所(Buck Institute for Education,2016)提出了项目化学习的八大"黄金准则":1. 重点知识的学习和成功素养的培养;2. 解决一个有挑战性的问题;3. 持续性的探究;4. 项目要有真实性;5. 学生对项目要有发言权及选择权;6. 学生和教师在项目中进行反思;7. 评论与修正;8. 项目化学习成果的公开展示。

二、项目化学习在物理学科学习中的意义

(一) 项目化学习是物理学科特色的内在要求

初中物理是一门重要的自然学科,包含着丰富多彩的物理现象,同时蕴含着奥

妙无穷的自然现象,但传统教学模式只注重"老师教、学生练",从而导致课堂呆板无趣,学生缺乏问题意识,不利于学生思维创造能力的培养。项目化学习是一种多元化的学习方法,可通过物理实验、实物模型、图片展示、物理现象演示等方式全方位、多层次让学生形成物理基本观念,对发生在现实生活中的自然现象进行"回放",是物理学科内在本质的回归,也是物理学科本色的彰显。

(二)项目化学习是物理学科发展的必然趋势

爱因斯坦说:"知识不是力量,探索知识的好奇才是力量。"培养学生探索未知世界的能力,使他们具备解决不确定问题的素养,是物理学科的高层目标。项目化学习能结合学生的认知水平,考虑学生的兴趣爱好,整合丰富的教学资源设计学习任务,能使学生在学习过程中不断发现和解决新问题,能有效激发学生思维,提高学生综合运用知识的能力,从而培养学生的逻辑思维和创新能力。因此,项目化学习能全面提高学生物理综合素养,是物理学科发展的必然趋势。

(三)项目化学习可以有效促进物理教与学的和谐共进

项目化学习设计是教师围绕教学内容,借助多元的教学资源,考虑到学生的认知水平和兴趣爱好所设计的学习任务。从而更能在教学过程中体现教师的主导作用,充分发挥教师的积极性和创造性,提升教师的综合教学能力,同时项目化学习是任务驱动式的教学方法,在课堂行进中始终以学生为主体,使学生以最大热情参与学习活动,探究物理知识的奥妙,教学相长,促进师生双方能力的全面提高。

三、项目化学习的具体实施

以串联电路单元复习(包括串联电路的动态变化、串联电路的动态计算、串联电路的故障分析)为例,进行项目化学习的实践。

项目的名称:绘制串联电路中动态变化连环画

学科:物理	教师:康伟	年级:初三
项目时长:六课时		相关学科:美术
教材和相关资料:上海教育出版社初三物理第一学期教材;与欧姆定律、串联电路相关的资料		

（一）项目的由来

初三学生做串联电路的简单计算基本都不成问题,但是在串联电路的动态变化、故障分析、压轴计算以及测定小灯泡电功率、用电流表电压表测电阻等题型上存在困难,不会分析、不会计算的情况普遍存在。从历年一模、二模和中考阅卷情况来看,这类题的得分率普遍较低,学生的答案往往五花八门、不着边际,可见有相当数量的学生对串联电路,尤其是串联电路中各物理量之间的变化关系,基本没有什么概念。

串联电路中各个物理量之间的关系可谓错综复杂,牵一发而动全身,既处在相互联系之中,又处在相应的变化之中。学生之所以不能把握题目要求是因为对串联电路的认识浅显、孤立、零散,而不是深入、全面、系统地看问题,所以学生在串联电路的整体思维上存在很多空白区和迷障区,以至于在分析问题时遭遇重重阻碍。

基于学生的现状,为了避免盲目无效地刷题,我们就需要根据课程内容设计情境,提出核心问题(挑战问题),再分解成需要解决的驱动问题,以学生创造性问题解决为导向,有目的地进行教学,并在教学过程中不断激发学生在项目化学习中的创新、创造的能力。最后,引导学生总结解题的规律,将这些通用的解题思路模型化,形成正向思维链条,产生正确的逆向反馈。

（二）项目化学习设计框架

1. 梳理串联电路复习中的核心知识

（1）项目化学习要学生学的是核心知识。这些核心知识可以是学科关键概念、学科基本知识,也可以是与学生成长、世界运转密切相关的知识。串联电路单元复习所涉及的核心知识有掌握欧姆定律、知晓串联电路的特点。

在掌握欧姆定律时要知道:① 欧姆定律的内容及数学表达式;② 能用公式 $I=U/R$ 计算电流、电压或电阻;③ 能联系串、并联电路的特点解决简单的电路问题。同时还要懂得电阻、滑动变阻器:① 知道电阻;② 知道电阻的单位:欧(姆);③ 知道电阻是导体本身的一种性质;④ 能用公式 $R=U/I$ 计算电阻;⑤ 知道决定电阻大小的因素;⑥ 知道滑动变阻器的元件符号和作用,能把滑动变阻器的元件符号画在电路中;⑦ 能判断移动滑动变阻器的滑片时接入电路中电阻的变化情况。

知晓串联电路的特点中要明确:① 知道串联电路的电流关系;② 理解串联电路的电压关系;③ 理解串联电路的电阻关系;④ 能分析串联电路的变化情况;

⑤ 能用串联电路的特点计算电流、电压、电阻。

通过这些核心知识,不仅对课程标准做了内容分解、具体细化的工作,还让学生感知知识与知识之间的关系、知识与情境之间的关系,对零散的知识进行梳理、提炼,从本质上整体理解学科的概念和关键知识。项目化学习的进行离不开核心知识的认知,学科素养的养成也与核心知识一脉相承、息息相关。所以,教师厘清串联电路中的学生应掌握的核心知识点至关重要。

(2)项目化学习最终是要学生实现知识的再建构。所谓知识的再建构,不仅仅是说出定义,举出例子就可以了,也不仅仅是头脑里有什么、说什么。知识的再建构最重要的表现是能够在新的情境中迁移、运用、转换,产生新知识,并且要在行动中做出来,运用周围的各种知识和资源来解决实际问题。在串联电路的复习中,我通过学生实验帮助学生实现知识的再建构。具体有让学生操作"用滑动变阻器改变电路中的电流"的实验:① 会将滑动变阻器连接在电路中;② 能根据实验要求移动滑动变阻器的滑片,改变电路中的电阻、电压和电流。让学生设计"用电流表、电压表测电阻"的实验:① 知道实验目的;② 知道实验原理及测量的物理量;③ 能设计实验方案,包括选择器材、画出电路图、设计数据记录表等;④ 会连接实验电路;⑤ 能进行多次测量并记录数据;⑥ 能求出电阻值。

当学生在教师创设的情境中能够运用以往的经验在任务中挑战自己,加深体验,并且动脑动手不断解决问题,甚而产生出新的感知和认识,就意味着学生在情境中自发进入了知识的再建构状态。项目化学习的根本意义也是让学生在真实的情境中养成探究和探索的思维与行动习惯,并用学生喜闻乐见的方式实现知识的再建构。

2. 形成本质问题

鉴于上述对电阻、电流、电压的知识认识,形成了本单元复习内容的核心问题:

在串联电路中,当 U 和 $R_{定}$ 不变时,移动滑动变阻器的滑片 P,当 $R_{滑}$ 变化时,R、I、$U_{定}$、$U_{滑}$ 等有怎样的变化? 以此形成一个学生挑战性的问题,这个问题中包括了本单元的核心知识。

3. 转化成驱动性问题

驱动性问题是项目化学习的核心要素。因为驱动性问题使整个项目活动保持持续性和一致性。学生的项目化学习通过驱动性问题黏合在一起发挥作用,在核心问题下,我设计的驱动性问题如下:

(1)如何改变串联电路中的电流? 各物理量之间怎么变化?

（2）串联电路中滑动变阻器的滑片能否滑到阻值最大处？

（3）串联电路中滑动变阻器的滑片能否滑到阻值最小处？

（4）串联电路中滑动变阻器的阻值变为无穷大的实质是什么？有哪些现象？

（5）串联电路中滑动变阻器的阻值变为零的实质是什么？有哪些现象？

本单元核心问题（挑战问题）即是学生对于串联电路中各物理量之间的变化关系的学习，这是串联电路复习学习中的难点，为了突破学习难点，可以通过设置驱动性问题——串联电路的一些常规和特殊情况一步一步引发学生思考，给学生搭建学习的支架，引发其学习过程中的思考和探索。

4. 学生实践的具体过程

（1）分组领任务

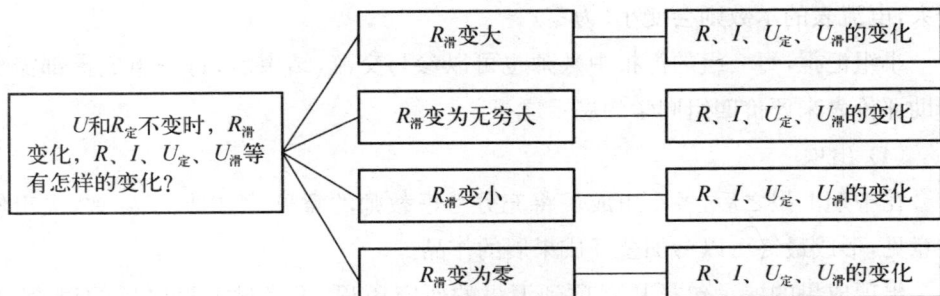

学生按照既定的"驱动性问题的任务"，完成核心问题"在串联电路中，当 U 和 $R_定$ 不变时，移动滑动变阻器的滑片 P，当 $R_滑$ 变化时，R、I、$U_定$、$U_滑$ 等有怎样的变化"的实验探究，进行第一步任务分解。按四个组分头实验，观察现象、收集数据，完成期限为 1 课时。

（2）绘制图形

每组根据观察到的现象及收集的数据，在教师提供的串联电路原始图中绘制动态图并加以说明。

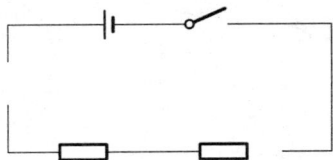

这部分内容主要以学生绘制图形为主、文字说明为辅，主要为学生的可视化结果提供理论猜想。

（3）形成与修订成果

小组合作，通过观察串联电路中滑动变阻器的滑片移动导致的一系列动态变化，绘制串联电路电压、电流、电阻动态连环画并总结变化规律。

小组总结归纳出：① 串联电路中，移动滑动变阻器滑片的位置，定值电阻及滑动变阻器的电流和电压的变化规律，在讨论的过程中不断完善电路安全问题的分析方法和技巧。② 对串联电路中，因各种约束引起的滑动变阻器接入阻值范围进行计算。③ 学会对所接电表量程及指针偏转方向的正确判断方法。④ 滑动变阻器的阻值变成无穷大，相当于这个用电器断路，那么它两端的电压变成电源电压；滑动变阻器的阻值变成零，相当于这个用电器短路，那么它两端的电压变成零。如果有用电器短路，总电阻变小，电流表的示数则会变大；如果有用电器断路，总电阻变大，电流表的示数则会变小（为零）。

小组汇报，每一组的汇报中教师也可以参与交流，结束后，每一组成员都需要借助评价表来评价四组同学的展示成果。

（4）出项

在中期汇报之后，各小组成员将充分考虑教师的意见，组内同学互评，提出修改意见，形成最终可以参加公开成果展的作品。

出项成果的展示包括从立项到汇报的研究历程，再经过汇报之后的讨论、取舍、优化，最后形成出项成果。

（5）项目评价

① 个人成果展示：绘制的串联电路电压、电流、电阻动态图。个人评价：实验能力、数据收集能力、信息综合、迁移的能力。

② 团队成果展示：前期资料展示、数据分析；后期绘制的连环画册子。团队评价：团队分工合作能力、团队开展科学性研讨的能力、交流探究能力和创新能力。

这部分可以充分借鉴学生自制的小组评价表。

四、项目化学习的反思

（一）项目亮点

1. 教学设计由课时转向单元

物理是一门注重逻辑思维的学科，物理概念、物理规律、科学方法、科学思维等内容之间有着紧密的联系，现有的课时教学设计将这些联系不断削弱，逐渐形成一个个碎片化的知识,学生很难通过学习建构起完整的知识结构,项目化学习捡拾起这些"碎片化"的知识能力点,比如:解决串联电路中一系列可能出现的现状等,让课时学习向单元学习自然过渡,引领学生拥有更广阔的时空进行科学推理、科学论证。考量单元性设计对知识点的整合和能力点的培养具有双重意义。

2. 教学设计优化学习过程

物理作为自然学科,如果仅仅是"纸上谈兵"往往枯燥乏味,如果没有理论实据又不符合学科学习的常理。项目化学习能整合学科资源,如:串联电路的复习中先从实验中观察到可视性的物理知识,再转化为学生更容易接受的图画形式,形成素材,真正优化了学习过程。而且学生以小组协作的形式围绕问题展开探究、点评等活动,能充分发挥学生学习的主动性、积极性与创造性,让学生不但见到"树木"还认识了"森林",使学生形成了良好的科学思维。

(二) 项目改进方向

在物理实验中,教师切勿包办代替,要尽量让学生通过思考自己实验、分析、交流,得出正确的结论。让学生在真实环境中增加体验的机会,不断探索知识、获取知识和运用知识,在过程中学习思维方法,有效地提高分析和解决物理问题的能力。

总之,学科项目化学习并不是要完全颠覆现有的学习方式,而是期望站在现实的基础上用项目来调整学习经历,帮助学生不断完善知识结构,提升多项能力,更好地迎接未来的挑战。

初中物理 PBL 项目实践的初探

顾丽琴

在当前新中考改革背景下,学校教育不能再局限于课堂教学和学科教学的狭窄空间中,否则难免会迟滞教育现代化的发展步伐。PBL 的出现为我们打开了教育的另一扇窗户。

PBL(Project-Based Learning,被译为"项目化学习")是一种让学生从真实问题出发,以项目为引领,围绕驱动性问题进行探索、实践,提出创造性解决方案的学习方法,它将参与者在解决方案的形成、修订、完善以及公开的整个过程视为学习的重要组成部分,而对解决方案的科学性、可行性则不特别强调。

PBL 这种在"做中学"的学习方式,打破了学科之间的壁垒,打通了学科和生活之间的关联,打开了思考力和行动力的限制,学生收获的不仅有学科的核心知识,还有在学习过程中获得的解决问题的思维能力,以及自主学习的习惯、持续学习的能力等。

PBL 研究的问题来源于生活中的真实问题,而物理学科就是一门与生活密切相关的学科,在这点上两者比较契合。物理规律的形成源于生活,又应用于生活,从生活中寻找合适的案例进行 PBL 研究既可以让学生理解物理知识在生活中的应用,又可以体验在生活中找到物理规律的过程,这是一种很有趣的学习方式。笔者为此开启了 PBL 案例的思考和探索。

一、初中物理学科开展 PBL 的意义

物理学科倡导学生进行探究性问题的研究,着力培养学生科学探究的能力。物理学科在国家教程的安排中八年级才开始涉及,此时的学生已经具备了一定的学习能力和研究能力,在学习中,如果能充分发挥学生自身能力,在学习过程中不断激发求知欲,对学习效果的有效提升、创造力的培养都能起到积极的作用。更为

重要的是,这个阶段的学生处于叛逆期,对规则的挑战、对自我的突破和对未知领域的探索是他们这个阶段最想做的。在物理学科开始进行 PBL 案例的探索有利于学生从活动中感受规律形成的过程,而不是盲从科学权威;在活动中感受知识的力量,而不是满足于盲目的自信;PBL 可以避免机械记忆对学习热情的打击,自我探索的过程可以满足他们强烈的好奇心;可以避免为考试而学的功利思维,有利于他们养成正确的、科学的世界观、人生观。

二、初中物理学科开展 PBL 的案例实践

由于笔者所在学校申请的是物理学科项目化研究,所以起步之初,我的研究范围仅限于物理学科,但随着研究的深入,发现要解决复杂的实际问题,不同学科的相关知识整合必不可少,所以本文将围绕两个案例展开,一个是物理学科案例《刻度尺的设计与制作》,另一个是跨学科案例《近视眼的预防与矫正》。

(一)"刻度尺的设计与制作"

1. 项目设计

八年级物理教材的序言部分,核心知识是测量,学生对测量工具的认识只停留在会使用上,并不理解为什么会有这些测量规则,很难在众多未知测量工具使用时产生知识的迁移。笔者在案例设计时将"使用测量工具"改为"设计并制作测量工具",设定为一课时。

教学设计中笔者设定了测量对象的列表,有效地控制了刻度尺制作和使用的难度,并利用任务单和评价表单引导学生完成对测量核心知识的学习与应用。

案例设计如下:

入项活动设计:教室里有很多物体,比如课桌、窗帘、乒乓球、篮球、课本等,请设计一把刻度尺,为你选择的物体测量长度。

驱动性问题:你知道一把刻度尺是怎么设计出来的吗?

头脑风暴:根据选择的被测物体,列出刻度尺设计需要完成的项目。

学习成果:完成一份设计报告,并制作一把刻度尺。

根据《上海市初中物理学科教学基本要求》,围绕驱动性问题,提供任务表单和评价表单。

任 务 表 单

任务发布	现有：窗帘的高度,教室的长度,玻璃的高度,讲台的高度,乒乓球或篮球的直径,课本纸张的厚度,一元硬币的厚度等,请选择其中一个作为被测物体,设计并制作适合的刻度尺,并选择确当的方法为其测量。		
任　务	制作适合测量_____的刻度尺		
时　间		小组成员	
研究过程			
反　思			

评 价 表 单

评 价 项 目	评分标准(优秀 3 分,良好 2 分,合格 1 分)	
	组内自评	组间互评
1. 刻度尺精确度的合理性		
2. 测量方法的准确性		
3. 刻度尺测量的可靠性		
4. 设计报告的规范性		
5. 小组合作的有效性		

2. 学生活动

在头脑风暴阶段,学生在明确了被测物体后,小组成员各自提出设计阶段需要解决的问题,下面是一组学生的问题:

(1) 选择什么材料做刻度尺?

(2) 这个材料要多长?

(3) 怎么确定刻度尺的精度和刻度?

(4) 需要用什么笔来标记刻度?

（5）测量时要注意什么？

学生在经过充分的交流后，形成了初步的设计方案，在交流过程中，学生比较明显的进步是：他们理解了测量工具的量程和分度值的意义，并认识到刻度尺的精度不是越小越好，而是要视被测物体而定。本节课的收获是学生在完成手工制作后，有个别小组还给刻度尺配了一份使用说明，这是学生进行项目化后学习主动性的充分体现。

（二）"近视眼的预防与矫正"

1. 项目设计

八年级物理第二单元"光的知识"与学生生活贴近，但比较抽象，是一个学习难点，即便掌握了理论知识也很难与实际应用联系起来。笔者根据近年来中国学生近视人数的增加引起社会的广泛关注，以及班级中戴眼镜的学生越来越多的现象，提出了《近视眼的预防与矫正》的案例，设定为六课时。

在本案例中，"近视眼的形成"涉及眼睛的主要结构、各个结构的功能，以及眼球成像原理、凸透镜、凹透镜的对光作用、凸透镜成像原理等核心知识，于是笔者将七年级科学的"光与视觉"、八年级物理"凸透镜成像"两个学科知识整合在一起，开展这个案例的学习。

具体设计如下：

入项活动设计：我国近视人数持续上升，青少年近视比率持续上升，且现居世界第一，对班级中的近视情况调查并汇总。

驱动性问题：怎样才能做到不近视，或者近视了度数不加深？

跨学科案例的设计复杂，在案例准备阶段，笔者先让学生做了一个"眼睛知识知多少"的问题收集，并将他们的反馈，汇总为四个子问题：

子问题1：眼睛是怎么看清事物的？

子问题2：近视是眼睛的哪个结构出了问题？

子问题3：近视了怎么矫正？

子问题4：如何才能不近视，或者近视度数不加深？

并以此将整个研究分为四个阶段，每个阶段有独立的任务单和评价表单，为了更好地引导学生对各个子问题的解决，在这个案例中，笔者采用了KWL表单，一方面引导学生梳理与项目有关的已知和未知知识；另一方面也为教师提供实时信息，及时调整案例设计。

近视眼的预防与矫正

	阶段 1	阶段 2	阶段 3	阶段 4
阶段	认识眼球	认识视力	矫正视力	保护视力
子问题	眼睛是怎么看清事物的?	近视是眼睛的哪个结构出了问题?	近视了怎么矫正呢?	如何才能不近视,或者近视度数不加深?
KWL 表: (K:你已经知道什么? W:你还需要知道什么?)	K: W:	K: W:	K: W:	K: W:
任务单:	用小报介绍眼睛看事物的原理。	用小报介绍眼睛近视的原因。	用小报介绍视力矫正的原理。	撰写小论文,介绍保护视力的科学方法。
评价单: KWL 表的 L: (L:你知道了什么知识?)	眼球的结构介绍正确性; 原理介绍的正确性; L:	近视原理介绍的正确性; 近视原因介绍的正确性; L:	矫正原理介绍的正确性; 近视原因介绍的正确性; L:	建议合理; 方法科学; 理由充分; L:

本案例出项后通过反思与迁移,将学生的研究引入到对老年人的"远视眼的预防和矫正"的研究中,将项目化学习引向纵深。

2. 学生活动

在"认识眼球"阶段,学生根据 KWL 中的问题,通过查找资料,了解了眼球各个主要结构的功能,找出了眼球与凸透镜的异同点,凸透镜成像中物距变化后是通过改变像距找到清晰的像,而眼睛看不同距离的物体是通过改变焦距使像成在视网膜上,从而有效地建立实际问题与书本知识之间的联系。

在学习过程中,鼓励学生提出有效问题是培养学生深度学习的有效方法。在"认识视力和矫正视力"阶段,学生要从实际问题中剥离出一般问题,以一组学生的问题为例:

(1) 近视的人都有一些什么共同的习惯?

(2) 眼睛的哪个结构会导致近视?

(3) 这些习惯为什么会导致近视?

围绕着问题展开的学习高效、利用实验探究的规律科学、借助科学解释的问题服众,学生在一系列学习探究过程中,逐渐找到科学知识形成的过程和意义,也获得了解决实际问题的能力。

在"保护视力"阶段,学生以之前的研究为依据,结合资料,联系实际,借鉴在初中语文学科习得的说明文文体知识,对视力保护的方法进行有理有据的介绍。

三、初中物理开展 PBL 的反思与总结

(一) 帮助学生实现学科知识的再构建

学科项目化学习的特点是超越原本对知识的"点"式理解,真实情境中的问题更有利于将知识连成一层"网",比如"刻度尺设计与制作"活动中,有学生注意到标注刻度时刻度的粗细问题,经过讨论认为,刻度线的粗细也可随测量物体的不同而不同,这是书本或参考资料中不会介绍的细节。对此问题的讨论,可以看出学生不仅对核心知识有了深度的理解,还能在原有基础上对相关联的知识进行迁移与再构建。

(二) 提供合适支架,助力学生深度学习

真实情境中的问题解决通常难度比较大,教师在恰当的时间提供合适的学习支架特别重要,在"近视眼预防与矫正"的"认识眼睛"阶段,人眼看清事物的原理是一个难点,笔者在案例设计时根据学生列出的需要解决的问题,选择了"眼睛的结构"这节空中课堂的视频作为视频资料,还有一些眼睛结构的文字介绍和学习任务单,帮助学生找到眼睛和凸透镜的区别,并提供合适的实验器材,将实际问题转化为可操作的实验,实现学科学习和素养学习的双重目的。

(三) 优化评价体系,落实过程性评价

在 PBL 项目实施过程中,为保证课堂学习效率,评价表单是学生进行可靠性学习的指引,也是有效学习行为开展的保证。例如"刻度尺的设计与测量",从合作、设计、制作、使用、交流等五方面进行评价,每个环节任务明确、标准清晰,学生可在评价表单的指引下按部就班地开展学习活动,实现对学习过程的全过程评价。

(四) PBL 项目有效实施,可以达到师生共进

PBL 项目的实施,可以有效地改变学生被动学习的状态,更好地引导学生在项

目学习过程中深度理解学科知识,更直接地培养学生的物理学科素养;教师在 PBL 实施过程中,能有效整合与自己任教学科相关联的各类知识,可以拓宽个人教学的路径,激发学生学习学科知识的兴趣,提高教学效益。

"船舶航运与物理"项目化课程实施方案

张元刚

一、开发背景

(一)项目化学习已是大势所趋

项目化学习是一种教学方法,源自德国的"行动导向"教学理念,是师生通过共同实施一个完整的项目进行教学活动的教学方法。项目制课堂改变了传统的以教师为中心的教学方式,以学生为中心,学生组建团队,通过解决开放式问题的经历来学习。在项目制课堂中,教师不是把现存的结论传授给学生,而是激发学生思考,让学生自己去探索问题、提出问题,探索世界和知识。

学生在小组项目角色的驱动下,开始主动学习、主动探索、善于提问,缓解了传统课堂上的枯燥、乏味,大大减轻了学生的课业压力。学生在一个好问题的引导下,调动各方面的知识和能力去解决问题,在解决问题的过程中,自己的知识得到运用,思维能力也得到了提升。

2021年7月24日,中共中央办公厅、国务院办公厅印发了《关于进一步减轻义务教育阶段学生作业负担和校外培训负担的意见》(简称"双减"政策),要求给学生减轻课业压力,回归教育的本真,促进全面发展。教育体制由传统应试教育向维度更丰满的素质教育转轨,已是大势所趋。在这样的大趋势下,孩子的核心素质能力培养被放在了首要位置,传统的教学方式难以满足对未来人才的需求,项目制课堂受到越来越多的关注。如在上海市教委召开的《义务教育项目化学习三年行动计划(2020—2022年)》发布会上,教科院普教所专家就"项目化课堂"提出专业建议,且在未来三年,上海将培育项目化学习实验校100所左右,覆盖全市所有区。

(二)船舶航运自身行业特征

船舶工业是现代综合性产业,也是军民结合的战略性产业,能够为海洋开发、水上交通运输、能源运输、国防建设等提供必要的技术装备,是国家装备制造业中不可缺少的组成部分,是现代化大工业的缩影,也是关乎国民经济发展与国防安全的战略型产业。对于我国而言,船舶工业成为国家经济命脉中的一个支柱产业,在经历多年的发展之后,我国船舶工业不断壮大,已然成为国际船舶工业中的重要力量,具有较强的国际竞争力。船舶工业是提升一国综合国力的必备产业,现阶段,发展我国船舶工业更为重要,是提高国家综合实力、加快海洋开发步伐、维护国家海洋权益、保障水上运输安全、维持国民经济增长、保证国防安全的必然需求,具有极为深远的意义。

当今航运已经与我们的生活息息相关。我们在生活中所用的一些物品,尤其进口的物品几乎都是借助航运才从世界的另一头漂洋过海来到世界的这一头。由于航运的成本相对其他运输方式有运费低、运量大的特点,才使我们用到相对来说更廉价更优质的物品。航运加快了世界发展的步伐,缩短了世界各国彼此间的距离。

(三)船舶航运与物理

不论是船舶还是航运,其中都蕴含着很多的物理学知识,如船舶的漂浮需要靠浮力(阿基米德定律);船舶的行进需要靠推进器;船舶中的能量消耗总是遵循能量守恒定律等;航道中的船闸运用连通器原理进行建设等。

因此,"船舶航运与物理"课程采用项目制学习方式,以"如何认识一艘船"和"船舶如何在水上航行"为出发点,引导学生调动所学物理知识和能力去解决问题。在解决问题的过程中,加深理论知识的运用,提高学生的思维能力。并通过实验课程,引导学生在实践中学会学习。

二、课程特色

在课程体系方面,采用项目化学习的方式,通过设计与学科核心知识相关的核心驱动性问题,让学生主动探究、发现、获取知识并最终解决问题。

在知识领域方面,要解决课程所提出的核心驱动性问题不仅需要物理学科的知识,还需要结合历史、地理相关知识,实现跨学科教学。

在实验设计方面,通过设计多形式的实验课程,包括思想实验、动手实验、数据实验等,培养学生团队协作、归纳总结实验现象与推理结论的能力。

在课程理念方面,通过本课程的学习,厚植学生的家国情怀,培养学生人文情况、理性思维、批判质疑、乐学善学、勤于反思、信息意识、社会责任、国家认同、国际理解、问题解决、技术运用等多方面的核心素养。

三、课程概述

（一）课程理念

以项目制学习方式开展课程，设计与学科核心知识相关的核心驱动性问题，帮助学生建立科学思维方式，让学生主动探究、发现、获取知识并最终解决问题。

（二）课程说明

本课程主要通过一学期共计 14 课时的教学，围绕"如何认识一艘船"和"船舶如何在水上航行"两个主要问题，引导学生了解和发现物理学知识在船舶与航运当中的应用。通过课程的学习，学生能够从多个方面提升学科素养，养成解决一般问题的逻辑思维，发展理论知识应用水平与团队协作意识。

四、课程目标

（一）通过学习海洋强国战略与船舶发展史，认识船舶与航运对社会发展的重要意义。

（二）通过船舶载重的研究，认识阿基米德定律在船舶中的应用。

（三）通过对船舶稳性的探究，认识到船舶重心、浮心、稳心三心对船舶稳定的重要性。

（四）通过对船舶行进的研究，认识到推进器在船舶中的运用以及阻力对船舶行进的影响。

（五）通过对船舶能量消耗的分析，掌握能量守恒定律的意义，从而探究船舶节能方向与技术。

（六）学习并了解航道的基本知识、航道标准以及我国内河航道发展。

（七）通过对苏伊士运河堵船事件的研究，学习和认识到潮汐的力量。

（八）通过学习世界航运，了解如何从上海到世界。

五、课程设置

（一）学习对象：本校全体学生

（二）课程类型：限定选修

（三）课程安排：14 课时/学期

（四）学习方式：项目化学习

（五）学习场所：项目化教室

（六）教师：本项目实施教师

（七）课程建议：

1. 在课程开始前，师生做好充足的准备活动。教师应提供相应的学习清单或指引学生提前做好相关内容的资料准备。

2. 涉及实验的课程，应以小组为单位推进。小组形式推荐由教师指定分组并为组内成员分工。

3. 情况允许的情况下，可带领学生到学校附近的造船基地进行参观学习。

六、课程内容

（一）单元框架图

序号	课程单元名称	问题	问题研究	相关物理知识	相关跨学科知识	课程实验	课时数（min）
1	如何认识一艘船	为什么长兴岛会成为造船基地	海洋强国战略与长兴岛；船舶发展史；船舶分类	无	历史：船舶发展	无	1×45
2		如何让船不超重	观看船舶超载案例；通过仿真模拟软件探究载重线与船舶吃水线的关系；认识到阿基米德定律在船舶中的运用	阿基米德定律	无	船舶载重线与吃水线关系实验	2×45
3		如何让船行得稳	观看船舶在真实世界的航行；探究船舶稳心、重心、浮心对船舶稳性的影响；动手制作"减摇小船"，学习如何提高船舶稳性	重心、稳心、浮心	无	动手制作"减摇小船"实验	2×45
4		如何让船行得快	了解真实世界的船舶航行；探究船舶行进推力与阻力的关系；了解推进器的类型与发展；通过实验动手制作小船并理解阻力	推力、阻力、推进器	无	自制小船竞速实验	2×45

续　表

序号	课程单元名称	问题	问题研究	相关物理知识	相关跨学科知识	课程实验	课时数（min）
5	如何认识一艘船	如何从能量角度理解一艘船	了解一艘船的组成；了解船舶中的能量消耗；探索能量守恒定律；分析船舶节能方向和技术	能量守恒定律	无	无	1×45
6	船舶如何在水上航行	船舶如何在水上航行	了解航道的分类；了解我国内河航道；了解航道通行的标准；通过实验探究和理解连通器在船闸建设的应用	连通器	无	自制连通器小实验	1×45
7		如何解救一艘船	了解苏伊士运河堵船事件的经过和影响；分组利用所学知识探究"如何解救一艘船"；认识到潮汐的形成和力量	万有引力惯性离心力潮汐力	地理：苏伊士运河	无	2×45
8		从上海如何到世界	了解世界航运的重要航线；以小组为单位探究远洋需要考虑的因素；畅想未来航运的变化	无	地理：四大洋、世界重要航线	无	2×45
9		为什么要走冰上丝绸之路	了解什么是冰上丝绸之路；了解冰上丝绸之路的重要意义	无	历史：丝绸之路	无	1×45
10	合计						14×45

（二）单元图谱

单元一	为什么长兴岛会成为造船基地？
学科领域	历史
课程目标：通过对海洋强国战略、长兴岛与船舶发展史的学习，培养学生理性家国情怀、大局意识。培养学生的知识应用能力、社会责任感	
单元核心主题：了解海洋强国战略以及长兴岛造船基地的重要性，掌握船舶的发展以及现代船舶分类	

续　表

单元内容： ● 【学习】海洋强国战略与长兴岛基地 ● 【分享】船舶发展史与现代船舶分类 ● 【思考】我国还有哪些造船基地 ● 【思考】我国船舶工业的地位
教学方法： 观察理解：了解海洋强国战略以及长兴岛造船基地的重要性

单元二	如何让船不超重？
学科领域	物理

课程目标：通过观看船舶超载的案例，了解船舶超载的危害性；通过仿真模拟软件探究载重线与船舶吃水线的关系；学会用所学物理知识理解"如何让船不超重"
单元核心主题：通过仿真模拟软件探究船舶超载的标准；了解和学习船舶载重中蕴含的物理知识
单元内容： ● 【观看】船舶超载经典案例"太平轮事件" ● 【实验】通过仿真模拟软件探究载重线与船舶吃水线的关系 ● 【学习】用阿基米德定律理解"如何不超重" ● 【思考】如何防止船舶超载
教学方法： 观察理解：了解船舶超载的危害 实验探究：通过仿真模拟软件探究载重线与船舶吃水线的关系 理性分析：利用阿基米德定律理解"如何不超重"

单元三	如何让船行得稳？
学科领域	物理

课程目标：观看船舶在真实世界的航行；探究船舶稳定中的物理知识；并通过制作"减摇小船"，学习如何让船行得稳
单元核心主题：船舶浮心、稳心、重心的关系；如何提高船舶稳性
单元内容： ● 【观看】船舶在真实世界的航行 ● 【学习】船舶浮心、稳心、重心的关系对船舶稳性的影响 ● 【探究】如何提高船舶稳性 ● 【实验】动手制作"减摇小船"

教学方法：
观察理解：了解船舶在真实世界的航行
实验探究：动手制作"减摇小船"，探究如何提高船舶
理性分析：船舶浮心、稳心、重心之间的关系对船舶稳性的影响

单元四	如何让船行得快？
学科领域	物理

课程目标：学会用物理知识理解船舶行进，并通过制作小船，学习阻力有关知识以及如何减小阻力来让船行得快

单元核心主题：船舶行进中的物理知识；推进器的类型与发展；小船竞速比赛

单元内容：
● 【学习】船舶推进中的物理知识
● 【分享】推进器的发展及类型
● 【实验】自制小船并进行竞速比赛
● 【思考】如何让船行得快

教学方法：
观察理解：船舶推进中的物理知识以及船舶推进器的发展及类型
实验探究：通过自制小船并进行竞速比赛，了解船舶行进与阻力
理性分析：如何让船行得快

单元五	如何从船舶能量角度理解一艘船？
学科领域	物理

课程目标：在了解船舶组成的基础上，通过对船舶能量消耗进行分析，掌握能量守恒定律的应用以及探究船舶节能方向与技术

单元核心主题：船舶基本组成；船舶中的能量守恒定律；船舶节能方向和技术

单元内容：
● 【了解】船舶基本组成
● 【探究】船舶中的能量消耗
● 【学习】能量守恒定律
● 【思考】船舶节能方向与技术

教学方法：
观察理解：了解船舶的基本构成
理性分析：船舶中的能量消耗以及船舶节能方向与技术

单元六	船舶如何在水上行驶？	
学科领域	物理	地理

课程目标：通过学习航道知识，掌握航道通航的标准；通过连通器小实验，理解特殊航道"船闸"的原理

单元核心主题：我国内河航道；航道通航标准；船闸原理探究

单元内容：
- 【了解】航道分类及我国内河航道
- 【学习】航道的通航标准
- 【探究】船闸中的物理知识"连通器"

教学方法：
观察理解：我国内河航道以及航道通航的标准
实验探究：船闸中的物理知识"连通器"

单元七	如何解救一艘船？	
学科领域	物理	地理

课程目标：通过苏伊士运河堵船事件，了解到苏伊士运河的重要性，并学会用所学物理知识"解救一艘船"，学习并认识到潮汐的力量

单元核心主题：苏伊士运河的重要性；潮汐

单元内容：
- 【了解】苏伊士堵船事件的经过及影响
- 【学习】苏伊士运河的重要性
- 【讨论】分组讨论如何解救一艘船
- 【撰写】就小组讨论结果撰写 PPT 及论文
- 【汇报】分组汇报小组讨论结果
- 【学习】潮汐的形成以及其中蕴含的物理知识

教学方法：
观察理解：苏伊士运河的重要性
分组讨论：分组讨论如何解救一艘船并汇报展示
理性分析：潮汐的形成

单元八	如何从上海到世界？
学科领域	地理

课程目标：通过了解世界航运相关知识，掌握重要的航运航线，并学会小组合作探究思考问题；通过所学知识和课外阅读，探究未来航运的变化

续 表

单元核心主题：世界主要航线；未来航运变化
单元内容： ● 【了解】世界主要海洋及航线 ● 【探究】以小组为单位探究远洋需要考虑的因素 ● 【畅想】未来航运变化的可能性 ● 【撰写】撰写未来航运变化论文
教学方法： 观察理解：世界主要海洋及航线 分组讨论：以小组为单位探究远洋需要考虑的因素 畅想未来：思考未来航运变化的可能性并撰写论文

单元九	为什么要走冰上丝绸之路？	
学科领域	政治	历史

课程目标：通过学习冰上丝绸之路的有关知识，了解冰上丝绸之路对于我国航运以及能源安全的重要意义
单元核心主题：冰上丝绸之路的重要性
单元内容： ● 【了解】什么是冰上丝绸之路 ● 【探究】为什么要走冰上丝绸之路 ● 【思考】冰上丝绸之路对世界贸易的影响
教学方法： 观察理解：冰上丝绸之路的概念 理性分析：冰上丝绸之路的重要性

七、学习评价

（一）评价对象

参与学习的每位学生。

（二）评价方式

自评、互评、师评。

（三）评价原则

真实性原则：强调在真实任务情境下对学生的发展进行评价，在真实性评价中应该包括有真实世界的问题，即船舶航运在真实世界可能遇到的问题。

发展性原则：着眼于促进学生发展，侧重观察和衡量学生的创造力表现，侧重观察和衡量学生的创造性思维发展。

多维性原则：从多角度对学生创造力学习过程和结果进行评价。

（四）评价内容

1. 论文撰写：根据整门课程的学习，撰写"关于未来航运变化的可能性"小论文。

2. 学习过程：学习态度、创新思维、合作能力、表达能力等方面综合评价。

（五）评价方法

学生总分由论文得分和学习过程得分两部分构成：论文撰写由教师进行评分，满分 100，占比 50%；学习过程由学生自评、学生互评、教师评价三部分构成，满分 100，占比 50%。

评价项	评价方式	满分	得分	总得分
论　　文	师评	100		
学习过程	自评	30		
	互评	30		
	师评	40		

B

跟 进 项 目

种出"芳香"，戴出"健康"

——阳光房里几种芳香植物项目化学习方案设计

何桂黎

一、项目类型

跨学科项目。

二、项目覆盖学科

科学、生命科学、美术、劳技、语文。

三、项目简述

随着新冠肺炎疫情在全世界肆虐，变异品种不断出现，在这样的时刻，健康显得尤为重要。如何从初中学生做起，把保健与日常生活紧密结合，是本项目化学习的核心目标。北蔡中学鹏飞路校区的阳光房，是进行项目化学习探究学习的最好场所，利用好这一场所，作为项目化学习的主阵地，能达成本项目环节目标和最终目标——种出"芳香"，戴出"健康"。

本项目实施对象是本校六年级学生，通过阳光房搭建项目化学习平台，以阳光房为平台，学生通过解决香囊原料（主要是三种芳香植物：艾蒿、薄荷、薰衣草）的种植与养护；利用长大的植株进行形态、结构、生理的初步探究；在形态结构生理探究的基础上，初步了解这三种芳香植物的保健作用；对小组的植株茎叶进行干制；进行香囊个性化的设计；用十字绣方法进行绣制标志；最后制作出具有保健作用的香囊；通过学校和家庭的展示宣传，将保健用于日常生活。本项目化实践活动旨在培养学生动手实践能力、小组合作能力、解决问题的能力，同时使学生热爱生命、尊重生命，养成在日常课堂内较难养成的精神品质。能依据已有的基础，初步解决生活中的问题，动手进行劳动等实践，提升艺术修养、培养创造性思维。

四、教材和相关资料

（一）涉及的教材

上海远东出版社出版的六年级第一、二学期教学教材；

上海教育出版社出版的生命科学初中第一、二册教材。

（二）涉及的相关资料

《课例研究》（安桂清著，华东师范大学出版社出版）；

《课例研究》（韩艳梅著，上海教育出版社出版）；

《可见的学习》（约翰·哈蒂著，教育科学出版社出版）；

《项目化学习设计》（夏雪梅著，教育科学出版社出版）；

《项目化学习的实施》（夏雪梅著，教育科学出版社出版）。

五、核心知识

（一）项目中的主要知识点

了解探究过程，知道探究六个步骤中每个步骤的具体含义；

知道植物的有性生殖和无性繁殖，特别是分根法；

了解高等植物的根茎叶的形态结构，特别是叶和茎；

掌握显微镜的使用技能；

掌握临时装片和切片制作技能；

恒温恒湿设备的设计；

浇水、拔草、松土、施肥等技能的实践；

能运用所学理论（资料法）解决种植养护中出现的问题，在实践和问题解决中不断思考、表达、评价；

个性化设计香囊包外观；

进行十字绣的标志绣制；

形成成果展示及进行宣传；

关注日常保健与健康。

（二）学科关键概念和能力

探究学习步骤、无性繁殖、高等植物的根茎叶形态结构组成；显微镜的熟练使用及临时装片制作,植物生长需要水;小组合作实践中种植、测量、观察记录、数据收集,土壤、植物叶的保健作用原理;控温控湿装置的设计图,干制方法;香囊设计方法、色彩与美观的统一;十字绣的针法,标志的含义,合作交流、每个环节中的问题解决能力。

六、驱动性问题

每年夏季来临,如何减少蚊虫叮咬? 如何在自然界日长夜短的情况下提高睡眠的质量? 如何在温度升高导致头晕的情况下提高学习效率?

子问题(一):如何种植、养护、探究、干制几种芳香植物?

子问题(二):如何设计香囊、用十字绣绣标志,制成保健香囊用于日常保健?

子问题(三):如何用成果宣传落实保健作用,提高日常健康的意识?

七、成果与评价

(一)个人成果:笔记、资料查询、问题解决的方法、交流的内容、个人阶段小课题报告、香囊的设计和制作、十字绣个人部分。

(二)团队成果:分根种植和养护植株成活率与生长状况、探究结果、香囊作品、保健宣传小报。

八、高阶认知

(一)问题解决:从各阶段复杂的理论和实践出现的问题中寻找、分析解决问题的方法与实施措施。

(二)创建性提出解决问题的思路:怎样给阳光房控制温度和湿度;幼苗时期拔草如何不把种植的植物当作野草拔掉;浇水如何让植株生长不受影响;测量的数据如何记录、分析、得出结论;如何让香囊设计得更具艺术魅力;十字绣到底绣什么;如何借助作品宣传健康理念。

九、实践与评价

(一)实践

1. 探究实践:整个项目化学习过程中贯穿探究实践,如种活几种芳香植物,用种出的哪些植株进行探究学习等。

2. 社会性实践:成果在学校和社区展示,宣传健康理念,反馈结果。

3. 调控性实践：每个环节都需要制订问题解决的方案，反思问题解决的步骤并用于之后的实践中。

4. 科创实践：阳光房如何在外界低温、高温时能保持相对恒温。

5. 审美实践：香囊包如何设计得更具有艺术欣赏价值。

6. 技术性实践：无性繁殖；显微镜使用、临时装片和切片；十字绣；利用小课题报告、小海报、PPT 等说明自己和集体的观点。

（二）内容

本项目化的学习内容主要包含以下几方面：

1. 阳光房几种芳香植物项目化学习的内涵、价值的学习。

2. 阳光房几种芳香植物项目化学习的设计策略学习。

3. 阳光房几种芳香植物项目化学习的成果中期和终期评价实施。

4. 阳光房几种芳香植物项目化学习教学实践的实施。

5. 阳光房几种芳香植物项目化学习的成果和评价。

（三）方法

1. 文献研究法：从既有文献资料中查阅选择自己需要的资料，领会项目化学习的价值，批判地继承他人的研究成果，开阔自己的研究视野，为实践研究引领方向。如：涉及项目化学习、探究的基本过程、香料植物、中药保健、植物的繁殖种类和方法、叶形、叶基、叶缘、叶裂及结构功能，茎的形态结构功能、香囊的设计、十字绣基本方法等。

2. 行动研究法：在阳光房里，小组进行种植、养护、观察、测量、探究、设计恒温恒湿装置、干制、香囊设计、十字绣、完成香囊制品、成果展示与健康宣传。

十、分工

本项目由何桂黎老师独立原创设计并组织实施，其他老师、专家协助。

姓　　名	性别	职称	工作单位	研究专长	分　　工	时间节点
何桂黎	女	高级	北蔡中学	探究	课程设计并组织实施	2021 年 7 月— 2022 年 6 月
杨师傅	男	园艺师	绿化公司	种植养护	实践指导	2021 年 9 月— 2021 年 10 月

续　表

姓　名	性别	职称	工作单位	研究专长	分　工	时间节点
赵方红	女	高级	北蔡中学	劳技 十字绣	实践指导	2022 年 5 月— 2022 年 6 月
李妍春	女	中二	北蔡中学	美术 香囊设计	实践指导	2022 年 5 月— 2022 年 6 月
朱华萍	女	中二	北蔡中学	科创	控温控湿装置设计	2021 年 10 月— 2022 年 4 月
吴教授	男	高级	上师大	植物研究	理论指导	2022 年 3 月

十一、框架

芳香植物种植—养护—探究—加工—制作—设计—十字绣—出结果—展示及健康宣传。

十二、进度

第一阶段：种出"芳香"

2021 年 9 月初—2021 年 9 月中旬，启动阶段和理论实践探究。设计研究方案，成立教师团队（见上表）及招募学生学习班级（预备 1～11 班的自愿报名的 23 名学生）成立课题组，讨论研究方案，明确研究思路。进行开题报告会，论证、完善项目计划。

2022 年 1 月中旬—2022 年 12 月底，理论学习及实践阶段，按照课题研究目标和项目化学习的实施方案，进行实践研究，收集研究资料，包括香囊原料的种植、养护、形态结构生理的初步探究，初步了解中药保健的原理，撰写阶段 1 的小报告。

第二阶段：戴出"健康"

2022 年 2 月—2022 年 6 月，进行实践及产生结果和评价阶段。控温控湿装置的设计；继续完成自己种植的芳香植物的保健作用的探究、以此做原料进行香囊的设计（形状、颜色、美化）、十字绣（图案的选择、十字绣手工制作），呈现成果，进行终极评价。校内及社区里展示交流宣传。根据实践中出现的新问题，对此项目进行改进和完善。

2022 年 6 月，终结阶段。结果展示、交流、健康宣传、终结评价。

预期成果如下表。

成 果 名 称	成 果 形 式	完 成 日 期	承 担 人
本项目化学习设计案例集	案例 1 案例 2 案例 3 案例 4	2021 年 12 月 2022 年 6 月	何桂黎 赵方红 李妍春 朱华萍
本项目化学习设计和实施的终期报告	终期报告	2022 年 6 月	何桂黎

评价如下表。

评价内容	评 价 标 准	评价结果(优秀、良好、合格、须努力)
种植	分根是否合理、正确;挖坑选择的工具及挖坑是否合理;培土是否符合要求;第一次浇水形式和数量是否达标	
养护	小组种植的植株是否成活;间隔浇水的时间、数量标准;拔草的正确,拔草不能拔掉种植的植株;松土用什么工具、是否达到要求;施肥的工具、种类、数量、频率	
探究	无性繁殖分根的基本要求、根茎叶的形态结构、生理作用、保健作用在资料查询和实践中的具体落实情况,如笔记和课题小报告及现场交流	
设计	控温控湿的装置设计合理;香囊设计的艺术性和合理性	
制作	用十字绣绣标志的作品艺术性、个性化程度	
成果	制作的香囊整体:艺术特色,保健作用,所选芳香植物的种类和数量	
展示健康宣传	小报及报告会、家庭宣讲内容 PPT	

附件:具体实施阶段计划和分工

种出"芳香",戴出"健康"

——北蔡中学阳光房里几种芳香植物项目化学习

阶段 1(种出"芳香")计划

2021 年 9 月至 2021 年 12 月

周次	教师	教　学　内　容
1～2	何桂黎	启动阶段、项目化课程设计、师资配置、学生自愿报名组班、前期物品购买、教师分工、园艺师及专家选定
3	何桂黎	学生自我介绍、分组、选出组长。了解接下来进行的项目化学习框架和准备及要求
4	何桂黎	资料查阅：探究性学习的过程。交流：师生、生生分享
6	何桂黎	资料查阅：植物的繁殖类型及方法。交流：师生、生生分享
7	朱华萍	阳光房温度湿度控制装置的设计
8	何桂黎	在园艺师指导下：学生种植薄荷实践
9	何桂黎	总结。对出现的问题进行分析,弥补。养护实践
10	何桂黎	在园艺师指导下：学生种植艾蒿实践
11	何桂黎	放假
12	何桂黎	总结。对出现的问题进行分析,弥补。养护实践(浇水、松土、施肥等)
13	何桂黎	查找资料：叶形、叶缘、叶裂、叶基、茎等,解决拔草问题,交流
14	何桂黎	对长出的植株进行实际测量、形态结构生理探究(一)
15	何桂黎	资料研究：中草药的保健作用中艾草、薄荷、薰衣草的保健作用
16	何桂黎	对长出的植株进行实际测量、形态结构生理探究(二)
17	何桂黎	中期评价(自评、他评、师评)
18	何桂黎	学生写小报告(中期结果)交流、反馈。为下阶段继续学习做准备

种出"芳香",戴出"健康"

——北蔡中学阳光房里几种芳香植物项目化学习

阶段2计划(戴出"健康")

2022年2月至2022年6月

周次	教师	教　学　内　容
1	何桂黎	对已经完成的阶段1的学习总结、交流结果和评价;教师反馈小报告和评价结果
2	吴教授	中草药的保健作用中艾草、薄荷、薰衣草的保健作用讲座

周次	教师	教 学 内 容
3	何桂黎	对艾蒿微观(显微镜下的主要含有芳香气味的组织细胞形结构观察)探究1,小组讨论及交流
4	何桂黎	对薄荷进行微观(显微镜下的主要含有芳香气味的组织细胞形结构观察)探究2,小组讨论及交流
6	何桂黎	对薰衣草微观(显微镜下的主要含有芳香气味的组织细胞形结构观察)探究3,小组讨论及交流。阶段评价
7	何桂黎	组织交流、反馈、改进
8	何桂黎	资料查阅:薄荷、艾蒿、薰衣草等芳香植物的保健作用,交流
9	何桂黎	薄荷、艾蒿、薰衣草等芳香植物的干制1
10	何桂黎	薄荷、艾蒿、薰衣草等芳香植物的干制2,阶段评价
11	李妍春	香囊的设计(美术老师李妍春指导、辅导)
12	何桂黎	学生进行香囊设计(小组合作完成)并制作1
13	何桂黎	学生进行香囊设计(小组合作完成)并制作2,阶段评价
14	赵方红	标志设计及十字绣制作(赵方红老师指导并辅导)
15	何桂黎	进行十字绣的标志制作1
16	何桂黎	进行十字绣的标志制作2,阶段评价
17	何桂黎	呈现成果,表达交流。校内展示结果,终评。宣传保健理念

种出"芳香"教学案例

何桂黎

一、案例背景

随着基础教育课程改革的逐步深入,教育越来越强调培养学生的核心素养,而项目化学习是当前新课程改革背景下的一个研究热点。项目化学习是一种新的学习形态,强调学生在真实情境下学习,研究真实的有学科价值的问题,培养学生的参与意识,最终达到促进学生核心素养形成与发展的目的。通过深化项目化学习的实践和探索研究,推进义务教育"教与学"方式变革,着力培养学生创造性解决问题的能力,进一步提高义务教育质量。

本项目化学习的主题来源是学生提出的问题和想要的结果。

前几年,针对科学老师佩戴了一只助眠的香囊,任教班级里的许多学生都好奇地问:老师佩戴这只香囊做什么用?得到答案后,学生非常好奇地说:里边有什么?好漂亮啊!怎么做的?鉴于学生的问题,笔者开发设计实施了本跨学科的项目化学习方案,旨在通过阳光房搭建项目化学习平台,以学校鹏飞路校区阳光房作为平台,学生通过解决香囊原料的种植、养护、形态结构生理的初步探究,了解中药保健的原理,设计制作具有保健功能的香囊,将保健用于日常。本项目化的实践活动旨在培养学生热爱生命、尊重生命,养成在日常课堂内较难养成的精神品质,初步解决遇到的问题,动手进行劳动等实践,提升艺术修养和培养创造性思维。本学期主要完成了阶段1的学习,包括两种芳香植物的种植、养护、研究、学生小课题报告的撰写、评价等。

本学期初始,老师把这个项目学习介绍给学生时,学生表示非常感兴趣,纷纷举手告知老师,他们想做哪些,想知道如何才能做得好看并具有保健效果。由此可见,学生对这个项目学习有探索欲和求知欲,以及主动参与的积极性。本项目化学习主要包括四个环节:环节一,教师团队组建、学生志愿者组班。环节二,资料学习：项目化学习的过程，跨学科，探究步骤。环节三，实践课：两种芳香植物的种植、养护、测量、分析、交流。环节四，阶段1小课题报告的撰写和评价。

二、案例叙述

阶段1目标：动手实践，在鹏飞路校区阳光房里种植养护探究阶段需要的原料——芳香植物薄荷和艾蒿。通过种植和养护包括浇水的方法以及浇水的时间，浇水的量以及浇水后的观察，通过松土及施肥等问题的解决以及实践活动，培养了学生对农学的关注和实践能力，同时能热爱生命、热爱劳动。同学能够不怕脏，不怕累，脚踩在泥土中进行挖坑、种植、培土、浇水、拔草等，值得赞美。

阶段1重点和难点：通过薄荷和艾蒿的种植学习高等植物是如何繁殖的，如何养护，如何探究，如何评价，如何写项目化学习阶段1(种出"芳香")的小报告。

阶段1课时：约15节。

阶段1方法：实践探究、资料法。

(一)启动阶段—项目化课程设计—师资配置—学生自愿报名组班—前期物品购买—教师分工—园艺师及专家选定—学生自我介绍、分组、选出组长—了解接下来进行的项目化学习框架和准备及要求—资料查阅(探究性学习的过程)，交流，师生、生生分享。

(二)实施阶段

1. 资料查阅

植物的繁殖类型及方法，交流，师生、生生分享。

2. 种植实践

在园艺师杨师傅的指导下，学生种植薄荷和艾草实践—总结—对出现的问题进行分析，弥补。

3. 养护实践

养护实践(浇水、松土、施肥等)

查找资料(叶形、叶缘、叶裂、叶基、茎等)，解决拔草问题；交流。

4. 探究形态、结构、生理、保健作用

对长出的植株进行实际测量、形态结构生理探究(一)；

资料研究：中草药的保健作用；

中期评价(自评、他评、师评)；

写小报告(阶段1中期结果)交流、反馈；为下阶段继续学习做准备。

三、案例反思

（一）通过 15 节课的学习，顺利完成了本项目阶段 1 的学习。本学期重点完成小组实践课程：薄荷、艾蒿的种植和养护；资料查询：植物的繁殖，特别是薄荷艾草的营养繁殖；薄荷和艾蒿的养护：浇水、松土、拔草等；现场探究活动：芳香植物形态结构的探究；资料查询及专家咨询：艾蒿、薄荷的保健作用；如何写小报告；交流反馈。为接下来的阶段 2 做好了前期准备。接下来阶段 2 将继续进行生理和保健研究（实践法和资料法）；通过美术老师李妍春的指导，小组自我设计香囊；通过劳技老师赵方红的指导，用十字绣绣出标志；通过科创老师朱华萍的指导，设计阳光房的控温控湿仪器，确保阳光房里芳香植物的健康生长；通过专家的保健知识讲座对健康保健有深入了解。阶段 2 小组活动对种植的芳香植物进行处理，作为主原料，制成个性化具有艺术保健作用的香囊。

（二）作为老师，要思考的是如何搭建一个项目化实践平台，通过这个平台来实现跨学科的项目化学习。对此，笔者想到了利用北蔡中学阳光房这样一个特殊场地来开展项目化学习。

（三）整个项目根据结果产品的需要，涉及的学科：生物学、农学、中药学、美术、劳技、科创。

（四）通过对学生初期的咨询和了解，得知学生对这样一个项目化学习非常感兴趣，知道将在阳光房里进行实践探究课，学生们立即予以热烈的掌声回应。从来源上看，师生共同确定了这个项目的探索和学习主题。

（五）有了阳光房这个探索空间，就能在探究实践中培养解决问题的思维，通过各小组的合作与交流，达到体验、实践、分享的目标。通过资料法对在实践中需要的和出现的问题进行资料查询、交流，提出问题解决方案，然后通过农学的实践课，让学生在种植养护方面进行实践活动（在这里得到了学校园艺师杨师傅的支持和指导，深表感谢），学生表现出极大的热情和主动性，每个小组同学负责种植五棵植物，从挖坑确定行距、株距到培土到如何选择分根的数量及根的多少来做好种植的准备，都需要思考、设计、交流、达成共识，经过反复确定方案，得到老师的支持后，才进行种植。其中一个环节，让老师有些意外：有学生问，用营养繁殖，那可以用种子种吗？老师没有直接给出答案，而是指导学生通过资料法获得答案，并肯定学生的结果——可以用种子繁殖。接下来，学生又产生了新问题：我们项目中为什么不用种子繁殖呢？老师指导学生再次通过小组合作查找资料查找到：用分根法，种植速度更快，还更大程度上保持母本的优良性状,对艾蒿和薄荷而言,分根法最适宜。

(六)在种植过程中,即便是学生之前已经进行了相关的理论学习,现场接受实践指导,但是在学生自己种植过程中,也产生了大量的问题,如挖的坑深度不够、培土不足等,导致植物生长滞后和死亡。中间的评价中发现,一些小组的薄荷因没有及时浇水或浇水不当导致死亡。老师指导学生通过现场资料查询,找出原因,进行弥补。此过程得到了种植养护评价优秀小组成员的帮助。

总之,本学期通过小组实践,以艾蒿和薄荷为材料进行无性生殖的培养,以及对这些芳香植物的养护,培养了学生实践能力,学会了扦插和分根是如何进行的,香料植物是如何繁殖的等。

通过对种植植物的养护,包括浇水的方法以及浇水的时间、浇水的量以及浇水后对植物的观察,并通过松土及施肥等问题的解决和实践活动,培养了学生对农学的关注和实践能力;同时能热爱生命、热爱劳动。同学能够不怕脏,不怕累,脚踩在泥土中进行挖坑、种植,值得赞美。

为了解决拔草问题,需要学习理论知识,叶的形状、叶缘、叶脉、叶基、叶裂等,区别芳香植物和杂草,然后对长出的杂草进行拔除,在此过程中,同学们需要拔除的是杂草,而不是需要的芳香植物,提高了同学们在实践中的观察力及理论水平,特别是实践中的应用能力。

通过对长出的薄荷和艾蒿的测量观察,比较了解生命的生长过程和阶段及生存的条件,使同学们更加珍惜生命,学会对实际生命的观测方法及记录表达的方法,培养严谨的科学精神。

对出现的问题,同学们自觉展开讨论。对于讨论后无法得到的正确结论,能够通过现场在教室里查资料的方法,以小组代表为查资料的小助手,通过文字、视频、图片等资料的查询,得到相关的结论及教师的指导。

这样的学习是普通课堂内做不到、学不到的,也是在常态课堂里所无法完成的。同学们针对在阳光房里的项目化实践活动,以及在实际活动中需要解决的问题,通过小组合作查找资料的方法以及相互讨论、争论得到结论,同时,得到老师的指导和援助,完成一个一个小任务,从而达成总目标。

下学期,项目化学习的第二阶段(戴出"健康"),将通过生物、美术、劳技、科创专家老师的通力配合,及小组同学的协作努力,完成整个项目化学习的目标,展示结果,宣传健康理念。

阳光房项目温室设计单元教学案例

朱华萍

一、案例背景

《新课程标准》中指出：儿童有一种与生俱来的、以自我为中心的探索性学习方式，他们的知识、经验是在客观世界的相互作用中逐渐形成的，有意义的学习应是儿童以一种积极的心态，调动原有的知识经验，认识新问题，同化新知识，并构建他们自己的意义。传统的灌输、做题、考试的教育方式，扼杀了儿童的好奇心，僵化了儿童探索世界的方式，经历多年传统教育培养出来的人多出现唯分是图、高分低能、有分无德、缺乏解决实际问题的能力等弊端。面对唯分数论产生的种种问题，探究性学习、项目化学习成为当下的一种新的教育教学方式。

探究性学习是让学生在教师的指导下，以学生的探究活动为主线，以解决问题为突破，使学生主动构建知识，让学生个性和谐发展。跨学科项目化学习是以不同学科的关键概念或能力为载体，指向真实世界中的问题解决。它通常需要整合不同学科的知识和能力，共同指向真实情境中的问题探索与解决，体现对不同学科领域知识的整体理解。项目化学习更强调知识和技能在现实场景中的应用，以及其他成功素养的培养，包括批判性思维、解决问题的能力、团队协作的能力、沟通交流的能力和公开演讲的能力。在学校范围开展项目化学习，能激发全体教师和学生产生与真实世界联结的需求，对技术性、审美性实践更加敏感，塑造不断变革和进取的组织形态，这是当前教育改革的转型路径之一。

2020年始，对项目化学习的研究与实践也在我校多个教研组开展。

结合本校何桂黎老师开设的、以科学学科为核心的"阳光房项目化学习"课题，我设计了温室设计的单元课程，根据学生在该项目化学习前一阶段对温室中培育植物的过程，学生熟悉了几种芳香植物的生长特性，了解温室为其生长创造了温度、光照、湿度等条件。学校温室的设备在植物生长过程中，起了非常重要的调节环境作用。学生在种植芳香植物的过程中,对温室的构造、温室中各部分设备是如何协调工作的,有进一步了解的需求。再结合科创班的"豌豆拼"等硬件模块组件,辅助完成温室模型的设计。这一单元的课程帮助学生了解:温室设备在特定环境下触发启用,根据温室当前的温度、湿度、光照自动调节整个温室的内循环环境。基于对温室的内环境研究,让学生更直观地了解外界环境对植物生长的影响。

二、案例叙述

"温室设计"单元包含方案设计与图纸绘制、实物搭建、软件控制、解说展示四部分内容。

学生的项目化学习活动始于驱动性问题的提出,一个好的问题的提出能激发学生的思考与探究。在课堂上,一个有难度但又能让人得到果实、足以引发探究的问题,能激发学生的求知欲望,并能引出另一些有关现象发生的原因及方式的问题。本项目化学习第一阶段主要实施地点在阳光房,学生在阳光房种植、观察植物,感受到温度、湿度、养分对植物生长的影响。学生通过种植、培育植物这一过程,对阳光房的工作状态非常熟悉了,但对阳光房的工作原理没有深入思考探究过。温室设计的问题驱动学生去了解温室的调节机制是怎么运作的,通过对温室功能的深度了解,学生能够有针对性地绘制温室平面图,搭建温室模型,加入硬件模块,编程控制温室温度、湿度,具象化地展示温室在植物生长过程中起到的作用。具体如表1所示。

表 1

驱动性问题和成果:
通过前一阶段温室中的培育植物的过程,同学们熟悉了几种芳香植物的生长特性,了解温室为其生长创造了温度、光照、湿度等条件。温室是如何做到温度、湿度、光照、养分输送等控制的?请你为学校温室设计一个模型,向全校师生展示温室的工作原理。
需要完成的内容: (一)温室设计与绘制:参考校内温室,规划温室的设计与实现的功能。使用相应软件绘制温室平面图,包含植物种植区、养料输送管道、硬件控制模块等区域的规划。 (二)实物搭建:根据设计图,用提供的亚克力板材、植物种植槽、养料模型和硬件模块搭建温室模型。 (三)程序编控:硬件模块连接电脑,使用相应软件控制,编写小程序实现温室温度、湿度、养料输送的自动化实现。 (四)温室功能解说:以小组为单位对温室功能与实现的植物培养效果进行5分钟的介绍及问题解答;以个人为单位完成学习报告。

时间节点	任务要求	负责人	完成情况	备注
月　日 (1课时)	分组、任务安排(图纸绘制、硬件拼搭、软件程序、解说介绍)	组长		小组分工表
	温室功能分析与图纸绘制(学生根据经验讲述温室在植物生长过程中的作用,分析温室实现的功能;根据功能和提供的硬件组件对温室模型规划设计)	每个人		作业纸
月　日 (1课时)	硬件拼搭 (根据设计图,用提供的亚克力板材、植物种植槽、养料模型和硬件模块搭建温室模型)	按团队分工		实物模型
月　日 (1课时)	软件编程 (硬件模块连接电脑,使用相应软件控制,编写小程序实现温室温度、湿度、养料输送的自动化实现)	按团队分工		
月　日 (1课时)	解说介绍(每组5分钟的介绍及问题解答)	按团队分工		
	学习报告(每位同学完成个人学习报告)	每个人		纸质报告

三、评价设计

　　项目化课程开展经历的每一阶段都需要学生们合作、表达、沟通、做协调一致的尝试,这些合作与交流的实践和经验,可以帮助学生学习按照一定规则开展讨论(而不是争吵)的艺术,学会准确地与他人交流;向别人解释自己的想法,倾听别人的想法,善待批评以审视自己的观点、获得更正确的认识,学会相互接纳、赞赏、分享、帮助等。这种客观开放精神的形成并非易事,要靠长久的教育才能得到。因此需要教师在开展项目化学习前做好评价的设计。这就需要项目的设计者同时运用过程性和总结性评价策略及多元主体参与的评价方法来促使学生真正投入学习。过程性评价主要考查学生的认知策略和实践,结果性评价主要考查学生最终的学习成果。

　　对温室设计单元的评价设计包括表现性评价和纸笔测试类评价。

　　我对评价量表的设计见表2。

表 2　学 生 自 评 表

维度	初　级	良　好	优　秀	评价（自评）
专注与坚持	• 不专注,总是东张西望,经常分心 • 表现出退缩、消极甚至抗拒等,只按要求被动地做,依赖性强 • 常常以"我不会、我不知道"等理由放弃不做,坚持性差,遇到困难干扰,需要教师大量的鼓励引导才能勉强继续下去	• 大多数时候保持专注的态度,即使外部出现一些干扰,也只须稍加提醒,就能较快地静下心来 • 不是积极主动,但是能按要求去做,完成项目 • 在遇到困难时试图克服困难,但是努力时间短,在有其他干扰情况下,很快会放弃	• 全程都保持非常专注、投入的状态,基本不受外部干扰影响 • 面对任务跃跃欲试,热情投入并完成全部任务,有问题能主动提出来 • 遇到困难或不会做的题目,坚持尝试解决,努力战胜困难,一直到成功,当没有成功,而教师要求终止时,仍想再继续	
倾听与回应	• 在别人发表意见的时候做自己的事情。表现出冷漠或心不在焉的样子 • 在别人还没有讲完的时候插嘴或打断别人 • 在没有听清别人讲话内容的情况下,就匆忙回答	• 在别人发表意见的时候,安静倾听 • 耐心地听别人全部讲完 • 对别人所说的内容予以动作或口头上的回应	• 在别人发表意见的时候,表现出积极倾听的姿态,用点头、眼神接触等表明自己对倾听内容的理解 • 耐心地、鼓励式地听别人全部讲完 • 仔细倾听别人的想法,并给出回应性的思考,回应表现为与他人的互动,或对自己所做内容的修改,回应适合当下的情境	
硬件操作	• 不能认真倾听硬件组件介绍 • 不会拼搭硬件组件 • 拼搭的硬件模型不符合设计要求	• 基本听完硬件组件介绍 • 能拼搭部分硬件组件 • 基本完成硬件模型的拼搭	• 仔细倾听老师讲授 • 按要求认真拼搭硬件组件 • 模型硬件拼搭正确、合理、美观	
软件编写	• 不了解软件的基本使用方法 • 不会输入程序,无法进行程序的调试	• 基本了解软件的使用方法 • 能输入大部分程序,并尝试对程序进行调试	• 能熟练启动软件编写程序 • 能按要求输入程序,根据实际需求修改程序并调试成功	

续　表

维度	初　级	良　好	优　秀	评价（自评）
口头报告	● 没有组织自己的观点或者组织得很乱 ● 不连贯，有很多停顿 ● 所用的表达对听众来说不合适 ● 没有运用修辞策略	● 以富有逻辑的方式组织观点，流畅地表达观点，使用正确的语调，对听众来说是合适的 ● 运用修辞	● 观点组织得非常流畅，以至于让人看不到经过组织的痕迹 ● 以非常优雅和得体的方式进行报告 ● 运用让人印象深刻的、富有创造性的方式进行报告	
个人小结	● 不能对自己在单元学习中的行为做出正确、客观的评价 ● 不能写出自己的具体表现及收获	● 能根据评价量表和自身表现，描述个人在单元学习中的表现及收获	● 能结合评价量表和自身表现，描述个人在单元学习中的具体表现，以流畅的语言写下个人收获	

对学生本单元学习情况的评价主要体现出重过程、重体验、重全员参与的要求，体现出形成性评价的特点。评价的原则：以激励性评价为主；以过程评价为主、结果评价为辅；自我评价和他人评价相结合。评价的方式：个人自评、组间互评、教师评价。在本单元的评价中更多关注的是学生学习过程中提出问题、分析问题、解决问题的能力和心理体验。弱化注重研究成果的实际价值，而侧重学生亲身参与的体验。

四、案例反思

项目化学习让学校对学生更有吸引力。00 后、10 后的孩子，从小生长在数字化的环境中，时刻沉浸在互联网环境中，对教科书传递知识的平面单一方式时常感觉无聊和无趣。而在项目化学习中，学生有机会把书本上的知识，与生活实际相联结，把被动地坐在教室里听讲变为动手去做，动脑去思考、去设计解决问题的方案，去不断地边实践边调整方案。教师在项目化学习活动中应帮助学生将注意力集中在探究的问题上，使探究活动既有趣又真正有所收获。对学生项目化学习设计和教学的经历，让我深深体会到项目化学习的教学不同于平时所传授的学科课程，它对教师教学观念和教学行为的改变有更大的促进作用。教师不仅是项目化学习活动的组织者，也是活动的参与者和协作者，教师本人还是一名不折不扣的学习者。只有继续学习，不断完善自己，拓宽知识面，才能提高自身的综合素质，提高教学水平，进而在教学中自觉推进项目化学习的开展，促进师生教与学方式的改进改善。

种出"芳香"项目的实施与反思改进

何桂黎

一、概述

随着基础教育课程改革进入一个新的历史时期,教育界越来越强调发展学生的核心素养。而项目化学习是当前新课程改革背景下的一个研究热点。项目化学习是一种新的学习形态,强调学生在真实情境下学习,研究真实的有学科价值的问题,培养学生的参与意识,最终达到促进学生核心素养形成与发展的目的。2020 年 9 月,上海市政府发布的《上海市义务教育项目化学习三年行动计划(2020—2022 年)》中,提到通过深化项目化学习的实践和探索研究,推进义务教育"教与学"方式变革,着力培养学生创造性解决问题的能力,进一步提高义务教育质量。正如上海市教委的尹后庆在《让素养在中国的课堂上真实地生长》一文中指出:核心素养是个人在信息化、全球化、学习型社会,面对复杂的不确定的情境时,综合运用所学的知识、观念、方法,在解决实际问题时所表现出来的价值观、必备品格和关键能力。核心素养培育的落实不仅仅是教学内容的选择和变更,更是以学习方式和教学模式变革为保障的系统变革。项目化学习要引导学生在真实情境中发现问题、解决问题,又在解决问题过程中去发现新问题,呵护和点燃学生的学习热情,引导学生探究并体验包括学科知识在内的外部世界,发展对学科及外部世界的内在兴趣。

依据在真实情境中,对价值观的形成,对真实、复杂性问题的解决能力的培养这一目标,利用北蔡中学鹏飞路校区阳光房的设施,由何桂黎老师独立设计开发了《种出"芳香",戴出"健康"》的项目化学习课程。

以鹏飞路校区阳光房为平台,在真实情境中,学生通过解决香囊原料的种植、养护、形态结构生理的初步探究,初步了解中药保健的原理,制作具有保健作用的香囊,将保健用于日常(佩戴)。本项目化实践活动旨在促使学生热爱生命、尊重生命,养成在日常课堂内较难养成的精神品质,初步解决生活中的问题,动手进行劳动等实践,提升艺术修养,培养创造性思维。围绕芳香植物给人类提供健康这个大主题,本学期主要解决了其中种出"芳香"的问题,在解决这一大问题过程中,逐步解决几个相关小问题:常见的芳香植物有哪些? 如何获得(无性繁殖)? 怎样种植和护理? 如何探究,探究什么? 种植和探究的香料植物与中草药保健的关系怎样? 如何评价? 中期小报告如何写? 交流什么?

二、前期准备

(一)本项目化学习的主题来源是学生提出的问题和想要的结果。平日下课时,针对科学老师佩戴了一只助眠的香囊,任教班级里的许多学生都好奇地问:老师佩戴这只香囊干什么用? 得到答案后,学生非常好奇地说:里边有什么? 好漂亮啊! 怎么做的?

(二)北蔡中学是第一批项目化实验学校,笔者又是高级教师、区骨干、区科学中心组成员,具有课程设计的基础和实施的能力;学校有阳光房这一平台,可以满足让学生做中学、学中做。

(三)有团队教师的合作条件。课程涉及跨学科的探究学习,由专家和老师组成了项目化学习的团队。每个人的分工和实施都有具体的要求。如何桂黎老师负责设计方案和主要作为实施者;控温控湿装置的设计环节是科创指导老师朱华萍负责;所种植的三种芳香植物的保健作用由上师大吴教授负责;香囊外观设计配色是美术老师李妍春负责,十字绣绣制标志是劳技老师赵方红负责。

(四)招募学生学习团队(预备年级1~11班的学生自愿报名组班,每个班都有志愿者)。

这样,符合了项目化学习的"天时地利",我们开始为项目化课程设计主旨:考虑到项目化学习要引导学生在真实情境中发现问题、解决问题,又在解决问题过程中去发现新问题的需求,确定要解决的是如何在日常生活中做到保健这一大问题。包含如何种出"芳香",并进行探究,如何制作产品戴出"健康"。

三、具体实施

(一)学生自我介绍、分组、选出组长。
了解进行的项目化学习框架和准备及要求。
(二)指导学生完成以下学习任务。
资料查阅:知道探究性学习的过程,进行交流,师生、生生分享;植物的繁殖类型及方法,进行交流,师生、生生分享;在园艺师杨师傅指导下,学生亲手种植薄荷、艾蒿,交流总结;对出现的问题进行分析,弥补,体验养护实践(浇水、松土、施肥等);待植株长出后,查找资料(解决到哪里去查,如何筛选),探究叶形、叶缘、叶裂、叶基、茎等,帮助解决幼苗时期拔草问题并交流总结;对长出的植株进行实践测量、形态结构生理探究(一);资料研究(中草药的保健作用);对长出的植株进行实践测量、形态结构生理探究(二);中期评价(自评、他评、师评);学生写小报告(中期结果)交流、反馈。以上学习均以学生为主体,教师指导。以学生实践活动为主,资料查找为辅,查找就是为解决出现的问题,为相关的学科知识有机融合,这也为下阶段戴出"健康"的继续学习做好了充分的宏观研究和备料准备。

四、后期反思

(一)本学期通过小组实践,以艾蒿、薄荷为材料进行无性的培养繁殖,以及对这些芳香植物的养护,培养了学生的实践能力,在实践中学会了扦插和分根是如何进行的,芳香植物是如何分根繁殖的等。在阳光房里的学习过程中,学生的兴趣很高,积极性高涨,配合良好,协作愉快,交流融洽,不乏批判思想的出现:如为什么不在土里先施肥再种,要种后施肥等。遗憾的是阳光房土地面积较小,不能种植更多的种类和数量。

(二)通过对种植植物的养护,包括浇水的方法以及浇水的时间,浇水的量以浇水后的观察,通过松土及施肥等问题的解决以及实践活动,培养了学生对农学的关注和实践能力。同时能通过种植达到热爱生命(不能把幼苗踩死)、热爱劳动的目的。同学们也能够不怕脏,不怕累,脚踩在泥土中进行翻土、平整、挖坑,种植,值得赞美。而把水浇到幼嫩的植株芯里,植物会死的,不能对着小苗顶端洒水,需要从根部浇水等,从中可见学生也形成了热爱生命的意识。

为了解决拔草问题,需要学习理论知识,诸如叶的形状、叶缘、叶脉、叶基、叶裂等,以区别芳香植的幼苗物和杂草幼苗(二者很相似),然后对长出的杂草进行拔除,在此过程中,同学们需要拔除的是杂草,而不是需要的芳香植物,提高了同学们在实践中的观察力及理论水平,特别是在实践中的应用能力。这里充分体现出合作的效果。

通过对长出的薄荷的测量观察,比较、了解植物生命的生长过程和阶段及生存的条件,使同学们更加感受到生命的鲜活,高呼:我们组的小苗长大了!这饱含着喜悦和成就感,是在理论课堂上感受不到的。同时,学会对实际生命阶段的观测方法及记录表达的方法,培养了学生严谨的科学精神和态度。

对出现的问题,同学们自觉地展开讨论和争论,经常需要老师出面调停,讨论得不到的正确结论,能够通过去教室里现场查资料的方法获得结果。小组代表作为查资料的小助手,通过文字、视频、图片等资料的查询,得到了相关的结论,及教师的指导,使师生关系变得融洽和谐。

通过评价,同学们知道做什么,怎么做,做得好不好,怎样让自己、小组同学和老师给出优秀的评价。

这样的学习是普通课堂内做不到的,学不到的,也是在常态课堂里所无法完成的。同学们通过在阳光屋的项目化学习实践活动,以及在实际活动中寻找需要解决的问题,通过小组合作查找资料的方法以及相互讨论、相互争论得到结论,同时,得到老师的指导和帮助,完成一个一个小任务,从而达成总目标。真正达成了引导学生在真实情境中发现问题、解决问题,又在解决问题过程中去发现新问题的教学目的。

可以感受到在整个学习过程中,学生主动学习的积极性很高,而且充满了自信,在师生合作及生生合作方面非常愉快。通过掌握的信息技术查找资料、图片、视频等,通过老师的指导,正确筛选可信度高的信息的能力有了较大提高。同时,在整个学习过程中,学生能够自我管理,如担心植物死亡,不定时观察浇水、施肥、松土、拔草等。同时,由于各组负责各组的任务,所以学生的自我意识和责任心有所强化。同学和老师之间的关系也因为需要指导而和谐,使核心价值观能够形成。在探究过程中,同学们能够用批判性思维进行思考以及交流评价。而老师们也边做边思考,尝试总结经验,吸取教训。通过项目化探究学习,解决学科疑问和学科疑惑,最终解决了主旨问题。项目化学习加强了学生与生活之间的联系,培养了学生的责任感和意愿感,有助于学生自主探索和个性发展,创设了挑战性问题的情境,引导学生持续探究。教师能倾听学生的心声和尊重学生的选择,引导学生进行反思,提供建议帮助学生。项目中包含了学生的核心价值,关键能力和必备的品格的培养,聚焦于核心知识的理解和真实问题的解决,做到了基于核心素养,立足真实挑战性的问题,持续探究的学习。

最近,学习了科学学科群里转发的教育部《新课标即将出台,这四大核心内容》的文件,知道了四大关键概念包括大观念、大任务、真实性、实践性。对照自己设计和已经实施的项目化学习的内容,后三点符合度高,但第一点还需要努力。

下阶段会在第一阶段(种出"芳香")的基础上不断改进,使戴出"健康"做得更好。

"我是学校代言人"项目方案设计

蒋偲佳

一、项目类型

活动项目。

二、项目覆盖学科

语文、地理、数学、道德与法治、美术。

三、项目简述

（一）项目介绍

本项目围绕"我是学校代言人"这一主题，引导六年级新生自主合作探究北蔡中学校园环境、校园文化，用心观察校园生活，进行自我认知和关系建立，对未来四年进行规划，展示学校与自我风采。本项目在注重学科知识的同时，也将锻炼和提升学生的合作探究能力、审美创造能力、创新能力、批判性思维，通过本项目让学生建立和校园、校园中的人、未来之间真正的链接。

（二）预计实施时间

2021 年 9 月 6 日—2021 年 11 月 19 日（10 周）。

（三）总课时数

10 课时。

（四）设计者

蒋偲佳、徐金佳、周映雪、邵敏。

（五）实施者

蒋偲佳、徐金佳、周映雪、邵敏。

（六）项目目标

1. 总体目标

（1）认识自我、他人，与他人建立良好关系；

（2）认识学校，适应中学生活；

（3）憧憬未来，寻找发展方向。

2. 结合学生学科课程内容与课标要求细化目标

（1）理解认识自己的方法和途径，感知自我与他人关系，学会合作，有目的地共同探究；

（2）自主探索了解校园空间与生活方式，创造性制作校园地图，进行富有情感的表达；

（3）建立对未来的积极思考，自主探索发展方向，明确怎样做更好的自己。

3. 能力目标

提升分析、探究、合作、沟通、创新、批判性思维。

（七）学习素养

1. 创造性实践

设计具有宣传性质的"我是学校代言人"画报。

2. 探究性实践

实地探索校园空间，收集、整合绘制校园地图的数据，制作校园平面图；

调查探究校园文化，思考中学生活不同方面的改变；

调查探究作为学校代言人的特质。

3. 社会性实践

以学校代言人的身份对校园环境、校园生活及自己的未来规划进行综合创意展示汇报。

4. 审美性实践

设计具有艺术性、文学性、信息性的"我是学校代言人"宣传画报。

（八）驱动性问题所蕴含的高阶认知

1. 问题解决

解决"如何对校园进行宣传，展示学校和自我风采"的现实问题。

2. 决策

合理排版"我是学校代言人"画报。

3. 创见

设计集校园地图、校园生活、自我风采为一体的宣传性海报。

4. 系统分析

结合比例尺,分析绘制校园地图的数据是否准确;

通过学生和生活两方面分析中学生活的变化;

通过周哈里窗,分析认识自我的全面性。

5. 调研

实地探索校园空间、地理位置,整合绘制地图的数据。

(九) 挑战性问题

1. 本质问题

如何综合运用语文、地理、美术、道德与法治等不同学科的知识,绘制校园地图,理解学校文化、正确认识自己并规划新的校园生活?

2. 驱动性问题

其他学校教师要到访我校参观,你们作为学校代言人,要如何来展示学校风貌与自我风采呢?

3. 分解子问题

子问题 1:作为学校代言人,如何介绍校园环境?

子问题 2:作为学校代言人,如何展示校园生活?

子问题 3:作为学校代言人,我要怎么做能更好地代表学校?

四、预期成果与评价

(一) 预期成果

1. 个人成果

个人认知与未来规划。

2. 团队成果

"我是学校代言人"画报,画报内容包括校园平面图及介绍、校园生活介绍、小组成员介绍及其未来规划。

(二) 预期评价(核查单、量规、提问、测试题等)

1. 过程性评价

(1) 任务 1 评价表

	A	B	C
校园数据测量与整合	准确测量所有校园数据，运用比例尺进行数据计算，进行整合	准确测量部分校园数据，运用比例尺进行数据计算，进行整合	准确测量几个校园数据，运用比例尺进行数据计算，没有进行整合
校园地图草图设计	包含地图三要素，各建筑单元大小比例得当，主次得当，相对位置布局合理	包含地图三要素，建筑单元大小比例一般，相对位置布局相对合理	包含地图三要素，建筑单元大小比例不恰当，相对位置布局不合理
校园地图绘制	色彩搭配合理、颜色协调、能体现事物特质，地图富有创意、形象生动、富有趣味	色彩搭配相对合理、颜色相对协调，能体现部分事物特质，地图形象生动	色彩搭配不够合理、颜色不够协调，地图不够生动
校园地图导览介绍词	有条理地观察、精心选材，清楚描述校园事物，表现其特点，语言生动活泼，表达观点流畅清晰，抒发独特情感	较清楚地描述校园事物，表现其特点，语言较生动活泼，表达观点较简洁，抒发情感	简单地描述校园事物，表现其特点，表达较枯燥，缺乏感情表达

（2）任务 2 评价表

	A	B	C
探究中学与小学的不同	能从课程难度增加、学习方式变化、人际关系变化、老师变化等方面总结中学的新变化	能从两到三个方面总结中学的新变化	能说出一到两个中学的新变化
探究在北蔡中学生活的新机会	能通过采访老师、学长学姐深入了解中学新的课程、丰富多彩的社团活动、各种各样的社会实践、独特的校园文化等新机会	能通过采访老师、学长学姐了解两到三个新机会	能了解一到两个新机会
北蔡中学代言人的生活指南	能从应对新变化、迎接新机会等角度逻辑清晰、语言生动活泼地表达北蔡中学代言人生活指南	能从应对新变化、迎接新机会等角度逻辑较清晰、语言较简洁地表达北蔡中学代言人生活指南	能从应对新变化、迎接新机会等角度表达，逻辑较差，语言单调枯燥

（3）任务 3 评价表

	A	B	C
探究作为北蔡中学代言人的特质	能通过采访老师及学长学姐、查询网络资料总结作为北蔡中学代言人需要能坚持、有活力、会合作、有上进心、敢于表达、超越自我等特质	能通过采访老师、学长学姐总结作为北蔡中学代言人需要的 4～5 个特质	能总结作为北蔡中学代言人需要的 2～3 个特质
正确认识自我现在是否能成为合格的北蔡中学代言人	能客观认识自己,评价自己优缺点,能积极、正确地接纳自我、欣赏自我,掌握改正缺点、激发潜能的方法	能较客观认识自己,评价自己优缺点,能较正确地接纳自我、欣赏自我,掌握改正缺点、激发潜能的方法	不能较客观认识自己,评价自己优缺点,不能较正确地接纳自我、欣赏自我,无法掌握改正缺点、激发潜能的方法
作为北蔡中学代言人进行未来规划	能根据自己对学校代言人的目标的认识,从学习、兴趣、生活等方面明确列出未来规划	能根据自己对学校代言人的目标的认识,较明确列出未来规划	能根据自己对学校代言人的目标的认识,不能清晰列出未来规划

（4）在三个任务中始终贯穿小组合作评价表单

	A	B	C
小组目标	清楚小组需要共同完成什么任务	比较清楚小组需要共同完成什么任务	不清楚小组需要共同完成什么任务
小组计划	小组完成共同任务时有明确的时间计划安排	小组完成共同任务时有大概的时间计划安排	小组完成共同任务时没有时间计划安排
参与度	全程积极参与小组活动	大部分时间参与小组活动	很少时间参与或不参与小组活动
合作性	清楚知道自己要做什么,并能迅速完成	经组员提醒,清楚知道自己要做什么,完成比较迅速	不清楚自己要做什么,完成比较慢
沟通协作	认真倾听组员的想法,遇到问题共同想办法解决	了解组员的想法,遇到问题自己想办法解决	不知道组员的想法,遇到问题没有想办法解决

2. 总结性评价：成果展示评价表

	A	B	C
我是学校代言人画报成果	很好地反映了学校特色，图文排版合理，能展现项目学习全部成果，很好地展现学校风貌和小组成员风采	较好地反映了学校特色，图文排版较合理，能体现项目学习部分成果，展现部分学校风貌和小组成员风采	能够反映学校的一些特色，图文排版不够合理，能体现项目学习几个成果，展现较少学校风貌和小组成员风采
展示汇报方式	学生能小组合作借助图片、实物、PPT、视频等多种方式把展示内容有创意、生动地进行表现	学生能小组合作借助单一的方式将内容比较清楚地进行介绍	学生单独凭印象进行展示汇报
展示汇报表达	表达逻辑性强，语言生动活泼、简洁清楚，讲解时声音洪亮，能注意说话的速度，让别人听清楚讲的内容	表达逻辑性较强，语言比较生动活泼、简洁清楚，讲解时声音能让人听见，不太注意说话的速度	表达混乱，语言单调枯燥，讲解时缺乏自信，比较胆怯，别人听不清楚讲的内容

五、预计实施过程

时　间	进　程	评　价　点	学习支架
2021 年 9 月 13 日	入项	子问题的分解	什么是项目化学习？怎么实施项目化学习？头脑风暴指南
2021 年 9 月 17 日	子问题 1：作为学校代言人，如何介绍校园环境？	对校园空间探索的表现；校园地图的数据收集、整合；校园地图绘制的创意及形式美感；校园导览介绍词的清晰生动；小组合作的评价	自主学习；学生分组测量；网上搜集不同形式美感的校园地图；鱼骨图写作支架；校园环境探索任务单和评价表；小组合作评价表
2021 年 9 月 30 日	子问题 2：作为学校代言人，如何展示校园生活？	明确中学生活的变化，积极应对中学的新机会与新挑战；作文观点的清晰表达；写作内容的丰富性；小组合作的评价	采访调研；校园生活探索任务单和评价表

续　表

时　间	进　程	评 价 点	学习支架
2021 年 10 月 8 日	子问题 3：作为学校代言人，我要怎么做能更好地代表学校？	对于学校代言人特质的认识； 自我认识的全面客观； 未来规划的清晰、有目标； 小组合作的评价	采访调研； "周哈里窗"自我认识表； 未来规划评价表； 小组合作评价表
2021 年 10 月 18 日	总成果："我是学校代言人"画报及汇报展示	画报内容合理排版； 汇报展示准备充分； 小组合作的评价	评价表； 小组合作评价表
2021 年 11 月 5 日	出项：学校最佳代言人展示评选	画报的主题相关度、美观性； 展示表达的内容逻辑性、生动性、创意性	评价表
2021 年 11 月 19 日	反思与迁移	反思的小结，改进的方案	

让问题驱动学生的成长

——"我是学校代言人"项目化学习案例

徐金佳

一、项目类型

活动项目。

二、项目覆盖学科

语文、地理、数学、道德与法治、美术。

三、项目简述

新时代的教育强调教育教学过程是一个高度创造性的过程,主张以创造性的教育教学手段来营造教育教学环境。在活泼的学习氛围中,结合学生的实际生活,激发学生学习兴趣,提升学生解决问题的能力。在这样的教育大环境下,我们设计了以"我是学校代言人"为主题的项目化学习,在个性、开放、多样化的理念中,让预备学段的学生对新的校园生活、学习生活进行探索。

本项目围绕"我是学校代言人"这一主题,引导预备新生自主合作探究北蔡中学校园环境、校园文化,用心观察校园生活,进行自我认知和关系建立,对未来四年进行规划,展示学校与自我风采。本项目在注重学科知识的同时,也将锻炼和提升学生的合作探究能力、审美创造能力、创新能力、批判性思维,通过本项目让学生建立和校园、校园中的人、未来之间真正的链接。

(一) 挑战性问题设计

1. 驱动性问题:其他学校教师要到访我校参观,你们作为学校代言人,要如何来展示学校风貌与自我风采呢?

2. 本质问题：如何综合运用语文、地理、美术、道德与法治等不同学科的知识，绘制校园地图，理解学校文化、正确认识自己并规划新的校园生活？

（二）项目目标

1. 知识与能力

通过对学校的标志性建筑、校徽、校服等要素探究分析，了解校园文化的内涵，用写作的方式展现校园文化。

通过实地探究，运用思维导图形式对绘制校园地图的要素、数据进行整理、归纳。

以小组的形式，进行合作探究，进行校园宣传画报的排版和设计，以达到校园文化、生活的个性化输出。

通过作品互评，学会从绘画技巧、写作水平等方面进行宣传画报互评。

2. 学习素养

创造性实践：设计具有宣传性质的"我是学校代言人"画报。

探究性实践：实地探索校园空间，收集、整合绘制校园地图的数据。

社会性实践：以学校代言人的身份对校园环境、校园生活、未来规划进行综合创意展示汇报。

审美性实践：设计具有美观性、文学性、信息性的"我是学校代言人"宣传画报。

3. 高阶认知

问题解决：解决"如何对校园进行宣传"的现实问题。

创见：设计集校园地图、校园文化为一体的宣传性海报。

系统分析：结合比例尺，对绘制校园地图的数据分析，分析校徽、校服等校园代表性要素中所蕴含的文化意义。

调研：实地探索校园空间、地理位置，整合绘制地图的数据。

四、项目实施

（一）设置情境，提出驱动性问题

课程首先通过播放北蔡中学代言人招募视频，将各位学生变成"北蔡中学代言人"开始引入情境，提出驱动性问题：如果你是我们学校的小代言人，你将如何设计宣传画报来向大家介绍新学校呢？

同学先独立思考，然后按座位进行分组（每个小组约 5～7 人），再进行小组讨论，对驱动性问题进行思考、讨论，最终确定了本次项目的分解驱动问题：如何绘制学校地图？如何从"我"的角度来展示校园文化？作为学校代言人,我将如何开始新的初中学习生活？

真实的情境设置充分激发了学生解决问题的兴趣和热情,他们充分调动各门学科中所学知识,积极合作探究,具有极强的内驱力。

（二）小组分工,制订计划

要解决项目化学习中的驱动性问题,小组内部要根据各个组员之所长,分工合作,展现出学生的独特性与差异性。因此学生首先要推选一位组长,在组长的协调下,进行任务分工,一般包括:组长、绘图、撰文、排版。小组分工完成后,在为自己小组取名的过程中,各个小组的组内成员充满了期待和责任感。

"我是学校代言人"任务单		
组　　员	任 务 分 工	评　价
1		
2		
3		
4		

（三）围绕问题,进行探究

1. 了解绘制校园地图的方法

分解驱动问题一:如何绘制学校地图？

学生虽然在地理课程中学习过地图要素、比例尺等相关知识,但学生还是缺乏动手绘制地图的经验,对于学校的地理位置和空间分布的了解也较为模糊,有些同学对方向感的把握也比较弱。因此,课程开始,我先通过互问互答的方式,带学生弄清学校的大致方位以及朝向。然后带领学生走出班级,到学校内进行实地考察,观察、测量并记录学校的主要建筑、道路等。最后按小组发布任务,根据在实地考察校园的过程中所记录的内容和数据,尝试对北蔡中学校园地图要素进行归纳,整理出相应的数据,并确定好适当的比例尺。各个小组根据自己整合的绘制地图信息,完成任务单,进行首次过程性交流。

绘制校园地图任务单	
校园构成(建筑名称、建筑功能、范围、大致形状等元素)	请收集资料,做成思维导图
绘制要求	查找地理书和图册,寻找地图要素
绘画风格	从颜色、造型、风格等方面确定
校园最推荐的三个区域,并绘制简单参观路线图	

在学生的首次交流中能够发现,学生对于地理学科知识的掌握以及对信息的归纳整理能力,要远超于预期,大大颠覆了教师认为预备阶段学生"不会提出问题""不会解决问题"的刻板印象。

在各小组交流完毕后,各小组结合他组经验,取长补短,对绘制校园地图的信息、方式、要素、数据等做出了一定的改进。

2. 理解感悟校园文化

分解驱动问题二:作为学校代言人,如何展示校园生活?

代言人宣传画报的绘制要求是图文结合,我们要求学生以"我是学校代言人"为题,通过写作的方式来向大家介绍北蔡中学的校园文化。于是,我们引导学生通过观察校服、校徽、校训、校牌以及校门口的"德"字石碑等,来思考、理解学校的文化和理念。

由于预备年级的知识储备有限,大部分的学生会借助《北蔡中学学生手册》来了解校史以及校训的内涵,但也有小部分同学能够通过观察校徽上特殊的图案,对校园的文化有自己独特的理解。

文稿的撰写工作我们采用了组内交流的方式,要求文章要做到中心明确,清晰体现北蔡中学"明德至善,切问近思"的思想理念,部分同学还能加入自己对学校文化的感悟和认识,让文章的语言更具有丰富性和独特性。

3. 畅想校园新生活,做真正的"北中代言人"

分解驱动问题三:作为学校代言人,我要怎么做能代表学校?

前期对校园空间的探索以及对校园文化的思考,让学生对新的初中环境和学习生活有了更加深刻的认识。本项目学习的过程中,充分发挥教育的"主体性",学生能够通过解决实际问题的过程,实现自我认识、自我构建的目的。在了解学校生活、尝试对外展示学校魅力后,学生也能够对自己未来的校园生活、学习目标等绘制出心中蓝图。在培养预备年级学生学习兴趣、学习能力的同时,也让他们充分认识自我,设立合理学习目标,成为真正的能够体现北蔡中学教育理念和文化的"代言人"。各小组结合学校的文化以及自身的畅想,完成文稿的最终定稿。

(四)小组展示,交流汇报

各小组在项目化课程中,通过对驱动性问题的子问题的解决,设计了集美术、地理、语文学科知识于一体的学校代言人宣传画报,不仅包含了艺术性,还体现了信息性,更展现了学生们的文学风采。

在上台展示作品的过程中,小组推荐一名同学进行演讲,向同学、老师介绍他们眼中的校园,并分享在制作宣传画报中遇到的困难以及如何解决的方法与过程。学生们在这种解决问题的过程中,不断学习,获益匪浅,俨然成为名副其实的"学校代言人"。

五、项目成效

在"我是学校代言人"项目实施过程中,驱动性的问题带来明确的学习任务,让学生在发现问题、分析问题、解决问题的过程中,通过跨学科学习,提升审美能力、写作能力以及创造能力,促进学生学会对所学习的各学科知识进行迁移,培养学生的合作探究能力,激发学生学习的兴趣。

在解决驱动性问题的过程中,小组合作进行资料收集、地图绘制、文稿撰写、设计排版。学生们在做中学,不仅更深入地了解自己的校园,为宣传校园制作了宣传画报,成为学校的小代言人,更是对自己全新的学习生活和目标有了进一步的认识。教师作为最熟悉课程内容的人,替学生们寻找着教学内容与课堂外的世界之间的联系。通过"我是学校代言人"的项目化学习探索,不仅可以让学生更加了解自己的学校、崭新的初中生活,还可以对未来的学习生活的规划有一个深入的思考、树立明确的目标,这对于学生成长有着重要的意义,而这一意义早已超越了课堂之外与课程本身。

指向学生的学习体验

——以"我是北中代言人"为例

周映雪

一、项目类型

活动项目。

二、项目覆盖学科

语文、地理、数学、道德与法治、美术。

三、项目简述

项目化学习对于学生是一个新的挑战,学生不仅仅要学习对于学生而言相对客观的、固定的学科概念,也要对开放的、主观的生活话题进行探索探究,并且在此基础上对不同的学科知识求证、糅合。在项目化学习中,要将相对枯燥的学科问题披上有趣的"外衣",使得学生不是以只为了某一方面知识点进行学习,而是需要在具备多样的、相对全面的学科知识的基础上,充分增添学习生活中的趣味性和个性化,基于学生自己的需求和问题,对新的知识点进行探索和学习。在这个过程中,更重要的在于激发学生在学习过程中主动学习、自主探究的兴趣,充分发挥学生在学习中的主观能动性。

因此我们设计了"我是北中代言人"这一课题,在这一课题中,分为前期、中期、后期三个部分,以逐步完成一个个简单的、阶段性项目的形式,最终组合完成一个完整的项目化的结果。在此过程中设计以下问题:

驱动性问题:其他学校教师要到访我校参观,你们作为学校代言人,要如何来展示学校风貌与自我风采呢?

子问题 1:在"我是北中代言人"项目中我能用到哪些学科知识?

子问题2：如果我是北中代言人，我该做些什么？

子问题3：通过哪些角度能够充分展现北中的风采？

以项目来撬动学生学习的思想变革，让核心素养在学习中生长积淀；以项目成就学习真正的意义，学生的学习本质上是有生命意义的活动，通过项目化学习的活动，激发学生生命的潜能、活力和意义；以项目给学生留下关于学习的美好的回忆，通过学生的学习活动在项目中找到感兴趣的地方，留下对于学生自身而言印象深刻的精彩记忆。

并且，我们在这个项目中坚持"以生为本"的原则。学生是项目化学习的主体，进行探究和学习的是学生，教师在其中应当起到引导作用，可以在适当的地方进行方向上的调整安排，更多地需要将学习的阵地交还给学生。很多时候，在课堂中师生之间往往呈现出问答的形式，而在项目化学习中，学生成为绝对的主角，充分发挥学习的积极性。项目的策划由学生来构思，项目的问题由学生来提出，项目的内容由学生来实践，项目的成果由学生来展示。

四、案例描述

在课前，学生首先根据自身的情况条件，对北蔡中学校园周边以及校园内部进行一个初步了解。在此过程中，就有学生主动提出问题："在对校园周边以及校园内部初步探索时，能否使用手机、相机等设备进行拍摄？"这是一个很好的提议，因此课程允许有条件的学生可以用各种设备进行记录，也可以简单地用笔记本记录。除此以外，在实际实践中，有的学生用上了录音的功能，主要分为两类：一类一边走一边口述自己一路所见所闻，一类用录音记录下环境中纯粹的声音。以上是前期准备的部分，主要以学生的自主活动为主，先完成一个小项目，为之后的任务做好基础准备。

接下来是分组完成一份简报的任务。在这一阶段中，教师帮助学生分组，紧接着完成每个小组内的分工。将每个小组内的任务再进行划分，将一个小组项目分为几个小项目，布置驱动性问题：

1. 在"我是北中代言人"项目中我能用到哪些学科知识？

2. 如果我是北中代言人，我该做些什么？

3. 通过哪些角度能够充分展现北中的风采？

4. 从这个学习过程中我有哪些收获？

上课时：

师：请大家说说在前期准备的过程中，同学们都用到了哪些方法？

生：拍照、录像、录音等。

师：那么这些记录的成果，我们要怎样才能呈现到简报中去呢？

生1：打印出来。

生2：做成二维码贴在简报上，扫一扫就能看到。

师：那这些转换的过程中，我们需要用到哪些知识呢？

生：用到了计算机信息课的知识。

师：很好。老师这里有一张我们学校的电子版地图，其中也囊括了我们校园周边的一些建筑。哪位同学能来帮大家介绍一下，你了解了其中哪些？如果有收集到的素材，也可以一起展示出来。

生1：我在校园内部走了走，拍了学校里的不同的建筑，我第一次发现学校暖房的旁边有一株很漂亮的植物，我准备把它也放进简报当中，还需要查一下相关的生物学知识。

生2：我记录了学校里的很多声音。比如打铃的声音、操场上体育老师吹口哨的声音，还有门口喷水池的水声，有趣的是下雨天又有不同的声响。

生3：我走访了校园周边的小店，这些是我拍摄的各个小店的照片。

师：那如果我们要在简报中描绘校园，这些照片你准备怎么运用呢？

生3：我认为校园周边也是学校环境不可或缺的一部分，所以我会在学校外面再划一圈，专门放这些小店的照片。

师：同学们都准备了丰富的素材，那么我们再来仔细地看一下投影上的地图，请同学们观察一下，这角落上是什么？

生：比例尺，地理课上刚学过。

师：同学们，我们在描绘校园地图的时候，需要做一步什么工作？

生：等比例缩小。

师：那么按照我们准备的简报的大小，请同学们先测算一下，你们应该用什么样的比例尺，先在草稿纸上写下来。

学生根据前期准备的素材和课堂中提到的学科知识，小组合作完成简报。

学生分组展示成果，小组之间互相评分，提出优缺点和改进意见，分别再修改完善项目。

五、案例评析

项目化学习是一个改变学生传统学习方式的生动实践。实践是检验真理的唯一标准,学生生活中相对缺乏的正是实践,项目化学习中学生有很多机会能够在实践中学习。项目化学习并不是从头至尾放任孩子自己去实践,孩子在进行项目化学习的过程中不是孤立的,教师或家长都可以成为他的支撑。学生在学习生涯中最关键的是主观能动性,但教师和家长的支持也是极其重要的部分,或许在某一个节点,就能够帮助学生走出困境。因此,项目化学习不仅仅是锻炼学生的一个过程,同时也像是一个学生学习路上的小小缩影,这一路要如何走来,或许经过项目化学习能够给学生带来一丝灵感与安全感。

聚焦跨学科应用知识解决复杂问题。虽然在课程当中,我们解决的是简单问题,但即使是简单问题,在解决问题的过程中也需要各学科知识去破解,往往一个小问题可能就会成为项目中的瓶颈。因此在这一项目中,能够让学生认识到,任何一门学科的知识都有可能随时需要被调用,颇有一番"书到用时方恨少"的感触,从而更能促进学生学习的主动性。对于学生而言,这是一个逐渐学会提出问题、解决问题的过程。当学生熟悉了这样的学习方式,再迁移到其他的学习中时,就可能找到新的思路,从而大大增加学生学习的积极性,充分发挥学生主观能动性。

进一步把"知识为本"的教学转变为"核心素养为本"的教学,使我们的教育适应社会发展和整个世界的发展。核心素养是党的教育方针的具体化,是连接宏观教育理念、培养目标与具体教育教学实践的中间环节。党的教育方针通过核心素养这一桥梁,可以转化为教育教学实践可用的、教育工作者易于理解的具体要求,明确学生应具备的必备品格和关键能力,从中观层面深入回答"立什么德、树什么人"的根本问题,引领课程改革和育人模式变革。学生发展核心素养,主要指学生应具备的,能够适应终身发展和社会发展需要的必备品格与关键能力。研究学生发展核心素养是落实立德树人根本任务的一项重要举措,也是适应世界教育改革发展趋势、提升我国教育国际竞争力的迫切需要。

知识的建构是通过新旧知识之间充分的、双向的相互作用来形成和调整自己的经验结构;强调知识的获得是学生主动学习,主动构建的结果;强调学习者应以自己的方式建构对事物的理解;强调教学中应该正确发挥学生的非理性因素,注重获取积极的情感体验。主动建构知识体系,我们还能获得更多的生成知识。如果只是被动地学习,学生只会被任务所安排,不会有那么多的奇思妙想,不会有那么多生成的收获。主动提出问题、解决问题,是磨炼学生能力的重要方式。

项目化学习注重学习过程中学生的经历和体验,帮助他们在学习中燃起学习兴趣,提升学习品质,主动建构知识,加强合作交流,真正学会学习,形成良好的学习素养。

面向初中新生的活动项目化学习
设计与实施初探

——以"我是学校代言人"项目为例

蒋偲佳

从小学步入初中是学生成长过程中的一次重要转折,面对全新的生活环境和不同的学习要求,初中新生能否适应新增的学科、全新的环境、人际关系等变化,顺利实现从小学生到中学生的角色转换,关系到他们未来的成长和发展。面对复杂的初中新生学校适应问题,传统形式的新生入学教育效果并不明显,偏重学科逻辑的学科课程教学也无法有效实现对于学生适应与发展等能力的培养。活动项目化学习作为通过问题驱动,引导学生自主探究,掌握解决真实问题的知识、能力、素养的一种综合性教学与课程形态,为学生尽快适应小初衔接、促进初中新生适应与发展提供了新的切入点。本文以"我是学校代言人"项目为例,探讨面向项目初中新生的活动项目化学习设计与实施策略。

一、活动项目化学习概述

项目化学习是旨在督促学生通过广泛深入探究复杂真实的问题和精心设计的产品与任务而获得知识和技能的一种系统性的教学方式。在丰富的学校实践中,项目化学习展现出多重样态。在上海市义务教育项目化学习三年行动计划中分为三种项目类型,分别为活动项目、学科项目、跨学科项目。根据夏雪梅博士的界定,活动项目是学生探索解决身边、日常情境中的真实问题的项目。

活动项目化学习并不只是单纯的活动,活动项目更加强调问题解决,重在引导学生在项目过程中对知识技能进行综合性运用,经历创造性问题解决的完整过程,并且需要在育人目标的统领下思考活动项目与国家课程的关系。相对于学科项目和跨学科项目,活动项目更加尊重和倾听学生的声音,引导学生在真实生活中发现问题、分析问题,在沟通交流和创造性思考中发展素养。

二、面向初中新生开展活动项目化学习的意义

（一）活动项目化学习是实施初中新生适应教育的有效载体

经纵向研究发现，初中新生的入学适应水平并非随时间的推移逐渐提高，而是经过适应—不适应—适应的发展过程，且不同学生自我适应、学习适应、情感适应、生活适应等各维度的适应水平也不平衡。中学生活蕴藏的各种机遇和挑战，为发展自我提供各种机会和可能，使学生理解中学时期是人生必经的阶段，既要坦然面对，又要不断突破自我、发展自我，建立与自己、他人、学校之间的真正链接，发现自己身上蕴藏的无限能量，为迎接人生新的阶段做好准备。目前学校缺少新生适应性教育的有效载体，而活动项目化学习的创造性、真实性、生成性恰好契合新生适应性教育所倡导的自由发展、自我实现，初步形成对自我、他人、学校认识的主旨。在这个意义上，面向初中新生开展活动项目化学习，既有利于实现学生自我发展连续性、整体性和可持续性，也能有效构建新生与学校、未来的联结。

（二）活动项目化学习为初中新生素养融合发展奠定坚实基础

对于初中学段学生来说，需要逐步引导和丰富学生的跨学科思维，培养学生分析和解决问题的能力，助力学生在初中阶段思维及素养发展，更自如地面对现今混合、多样化的时代背景的挑战。活动项目化学习是既融合渗透在各个学科中，又走出了书本、走出了课堂的学习形式，它打通学科内、学科间的界限，从学生真实生活和发展需要出发，从熟悉的生活情境逐渐深入，引导学生在活动项目中完善核心素养、知识框架。这种将课堂还给学生的学习形式，能更好激发学生自主学习热情，促使学生在做中学、学中做，在项目中更好地认知不同学科知识、思维和方法，在过程中对人文社科知识与自然科学知识进行协同整合、优化重组，为学生人文素养和科学素养融合发展提供有力支撑。

三、面向初中新生的活动项目化学习设计与实施

（一）找准项目主题

1. 面向初中新生生活

从初中新生独特的生活情境入手是活动项目化学习的起点。对于刚进入中学的初中新生，学习内容、学习方式、校园环境、人际关系、校园饮食等方面都发生转变，在项目主题上围绕这些内容进行转变生成，可以调动学生兴趣，自主参与到活

动项目学习。

2. 注重素养导向

推动学生核心素养落地是活动项目化学习的立足点。脱离了核心素养的活动项目化学习显得十分空洞,学生的探究活动将只停留在表层。核心素养为活动项目化学习提供了明确的指向性与强大的驱动力,有利于推动项目开展,发挥活动项目化学习的应然价值。

由此,面对北蔡中学的六年级新生,根据初中新生初次进入北蔡中学,面临入学适应的情境,基于发展自主发展、社会参与的核心素养,笔者设计了"我是学校代言人"项目主题,请六年级新生作为学校代言人,展示学校与自我风采,以此引导六年级新生自主合作探究北蔡中学校园环境、校园文化,用心观察校园生活,进行自我认知和关系建立,对未来四年校园生活进行规划。

(二) 确定项目目标,设计挑战性问题

1. 围绕初中新生发展需求

初中新生处在由儿童向青少年过渡时期,他们充满活力、思维活跃,喜欢尝试体验与探究,自我意识增加,对探索自我与世界有急切需求,但由于他们的年龄和知识局限,他们自主性不足,在认知能力、思维方式及社会经验等方面发展具有不成熟性,在行为、认知和情绪等方面较易出现不适应和不协调的现象,且他们对于学校适应水平并非随时间的推移逐渐提高,各维度的适应水平也不平衡。因此对于初中新生适应与发展需求呈现多样化的趋势,项目化学习目标在学校环境适应、学习适应、人际关系适应等方面都需要培养提升,并对这些方面进行针对性的设计确定。

2. 重视知识综合运用

活动项目化学习是引导学生以问题为纽带,解决现实中的复杂问题或任务,提升学生对学科和世界的理解力的学习过程。在这个过程中,需要学生把间接的知识经验内化为自身的知识积累,将习得的知识经验应用于问题分析与解决,深度把握知识内涵。因此在设定活动项目化学习的目标时也需要将学科内容进行梳理与整合,将学科知识深度整合并进行有机联系,打通学科内、学科间的界限,在目标中体现学科知识的融合运用、学科思维、学科关键能力、学科素养,培养发展学生综合知识应用能力。

因此,围绕"我是学校代言人"主题,根据学生发展需要,笔者首先确定了总体

目标为：（1）认识自我、他人，与他人建立良好关系；（2）认识学校、适应中学生活；（3）憧憬未来，寻找发展方向。

再结合学生学科课程内容与课标要求细化目标：（1）理解认识自己的方法和途径，感知自我与他人关系，学会合作，有目的地共同淘课；（2）自主探索了解校园空间与生活方式，创造性制作校园地图，进行富有情感的表达；（3）建立对未来的积极思考，自主探索发展方向，明确怎样做更好的自己。并确定相应能力目标，提升分析、探究、合作、沟通、创新能力与批判性思维。

为了实现活动项目目标，笔者提炼出具有真实性、挑战性、可讨论性的驱动性问题，引领学生去发现和探究。笔者设计的核心驱动性问题为：其他学校教师要到访我校参观，你们作为学校代言人，要如何来展示学校风貌与自我风采呢？通过这一驱动性问题下的实质问题为如何综合运用语文、地理、美术、道德与法治等不同学科的知识，绘制校园地图，理解学校文化，正确认识自己并规划新的校园生活。通过引导学生分析并分解问题，探寻方案，进行创造性生成。成果最终指向让学生更加了解自己、了解学校，并初步对未来的学习生活设定目标、进行规划。

（三）项目实施

1. 创建开放问题情境，开展入项活动，分解驱动问题

初中新生喜欢尝试体验与探究，开放的问题情境能够激发学生探究欲望，同时培养学生在情境中分析、整合、提炼信息的能力。

在"我是学校代言人"项目化学习活动中，教师首先发布北蔡中学代言人招募视频，引起学生热烈讨论，激发学生探究欲望。教师接着提出驱动性问题，组织学生头脑风暴，讨论作为学校代言人，如何为到访我校参观的其他教师来展示学校风貌与学生的自我风采，进行问题分解。学生想法很多，也提出许多有价值的问题。教师将问题进行汇总，并与学生一起将问题汇总为三个子问题：（1）作为学校代言人，如何介绍校园环境？（2）作为学校代言人，如何展示校园生活？（3）作为学校代言人，我要怎么做能更好地代表学校？通过三个具有可操作性、实践性的子问题引导学生持续探究。

2. 创建小组，熟悉组员，制定小组公约

活动项目化学习需要小组合作完成任务，每一位小组成员需要根据其不同的能力、兴趣和特质在小组中承担各自的责任。初中新生开展小组合作有两大难点。第一是不认识同学，无法建立共识。对于刚进初中的新生，大部分同学都是陌生

的,许多同学在项目化学习开始之时连同班同学都认不全,在这种情况下的学生交流是单向的,缺乏交流性。第二是学生不清楚如何通过合作来共同分析解决问题,学生不清楚在活动项目中自己能做什么、该做什么,导致合作效率低。针对这两方面问题,教师需要通过引导学生正确认识自我、认识同伴、建立良好关系,促进小组合作顺利开展,同时这也能为之后的学生未来规划打下基础。

在"我是学校代言人"项目化学习活动中,首先通过组织学生用最关键、简单的信息介绍自己,并请同学相互追问,接着进行"看描述,猜同学"游戏,初步对自己与同学有客观认识。其次进行传话游戏加深学生对小组是一个团队的理解,引导小组制定小组公约,确定小组名字,大部分小组公约中都不约而同出现了倾听、理解,初步营造了良好的小组氛围。

3. 合作探究问题,综合运用知识,丰富学习实践

在项目中需要引导学生运用综合知识去探究、解决问题,形成将知识经验应用于解决实际问题的能力,这也是发展学生的分析能力、调控能力、创造能力等综合能力素养的实践过程。

在"我是学校代言人"项目化学习活动中,以三个子问题作为驱动,学生自主合作探究逐项展开探索学习。

子问题一:作为学校代言人,如何介绍校园环境?学生根据教师提供的任务单,自主探究校园空间,创造性生成校园地图。小组经历了合作分工、测量记录校园数据、比例尺换算、平面图绘制、反思修正、撰写"我们的校园"报告的过程。学生在测量、搜集、整理换算地图数据的过程中能调动运用六年级地理学科的地图三要素相关知识;在制作平面图过程中主动调用美术学科素养进行构图、完善、美化;在整理信息、撰写报告过程中综合运用六年级语文中多角度环境描写、具有情感的表达等学科知识与素养。

子问题二:作为学校代言人,如何展示校园生活?学生小组合作探讨在北蔡中学学习与校园生活的改变,通过记录一周的校园生活及对老师和学长学姐进行有目的采访,深入理解初中生活的新变化与初中学习的新要求,撰写完成"北蔡中学代言人的生活指南"的报告。学生在调查、记录、比较、表达过程都调用道德与法治、语文学科素养,迎接中学生活的挑战,体会中学生活的美好。

子问题三:作为学校代言人,我要怎么做能更好地代表学校?学生小组合作讨论确定作为学校代言人应具备的条件,回顾过去,从多方面总结自己的优缺点,接着根据讨论出来的代言人应具备的素质展望未来,完成初中生活目标卡,建立对

初中三年生活的初步规划。学生在探究、总结、表达过程中都调用道德与法治、语文学科素养来正确认识和积极接纳自我,并对未来产生积极思考。

学生根据探究所得最终制作"我是学校代言人"海报,知识与素养也都会在最后的海报展示与介绍中得到深度的融合和自然的展现。

4. 聚焦项目目标,关注创造性生成,进行具有成就感的成果展示

项目成果呈现对问题的解决,更重视对知识的创造和生成。面对真实的问题,学生完成具有创造性的作品后,会产生成功与喜悦之情,尤其是对于初中新生,能极大地增强其自我认知和成就感。因此成果展示的设计不仅要指向项目目标,体现学生在项目化学习过程中习得的知识及素养,更要通过具有成就感的展示方式,使学生收获学习的意义,并更有激情地投入之后的学习中。

在"我是学校代言人"项目化学习活动中,首先进行班级答辩会,学生小组合作交流展示"我是学校代言人"海报,进行演讲汇报,展示其对学校的认识、对自我的认知和对未来的规划。在展示汇报时,有众多令人惊喜的学生表现,学生除了实地勘察、绳索测距外,还运用不同的方式了解学校,例如:地图搜索、无人机拍摄。其中最让人惊喜的是学生运用自己的长处——无人机拍摄和软件编程完成了最后的汇报,巧妙地隐藏了本组绘画能力薄弱的问题,且更直观、更动态地展示了校园。在规划未来环节,也有学生设计了情景表演,以采访报道的形式表现出其作为学校代言人的优势与信心。对选出来的优胜小组,我们进行了视频录制与展示,请他们作为真正的学校代言人来展现自我与学校风采,学生能够发现他们的项目成果被认可,是有意义的,极大地激发他们对项目化学习的热情与动力。

5. 开展全程评价,深化学生认知,促进学生发展

评价在活动项目化学习中具有指引、反馈、总结的作用。在项目中要采用多维度、多方位、不同形式的评价方式帮助学生在项目过程中明确学习目标、判断自我学习状态、反思自我不足,对照评价表不断完善自己,激励自己,并且在此过程中深化对于知识的认知和应用能力,促进其持续发展的能力。

在"我是学校代言人"项目化学习过程中设计了过程性评价和总结性评价来进行自我评价和学习效果评价。自我评价是对学生适应能力、自我认识、协作能力等进行持续跟踪评价。如在学生小组合作过程中,引入指向小组合作品质和合作能力的评价量表,采用自评和他评的方式,持续引导学生自我诊断合作状态,并正确认识和接受小组成员的意见,从中受到启发,引导学生学会真正意义上的协商和合作。学习效果评价是对学生知识综合运用能力进行多方面评价。如在绘制校园平

面图时,根据学生数据搜集、分析的状态与平面图绘制的雏形设计了可分析性评价量规表,帮助学生确认校园数据完整性、准确性,地图绘制整体性、美观性、创造性,发现优势所在,也明确目前阶段的不足,进而不断调整、修正,促使更深层次的合作与探索发生。在项目展示环节,通过对展示内容、展示方式、演讲方式、表现力设计量表评价,帮助对学生在项目中整体表现和成果做整体评价,并有助于不断迭代完善。在评价中,能发现学生获得了正确看待自己、他人,并与他人良好沟通的方法,且通过项目探究学生的分析能力、探究能力、审美创造能力、创新能力、批判性思维都得到良好提升。

四、总结

本文研究了面向初中新生的活动项目化学习,设计与实施要立足于学生的特点,关注学生的需求,指向素养的发展,具有针对性和策略性。这不仅为初中新生更好适应中学生活、思维提升、素质发展提供了新的路径,让更深度的学科融合与知识应用自然地实现,也丰富了项目化学习的教学内涵。同时,这也对我们老师提出了更高的要求,在项目设计时必须具有深刻的生活洞察力和对知识的深层次把握,才能设计出高质量的项目,在项目实施过程中,需要更加关注学生差异,提供相应的学习支架,落实活动项目,使学生在项目化学习过程中不断思考、探究、成长,成为更好的自己。

C

其他项目

"形义结合，对话文本"项目化学习案例

张陆晨

一、项目类型

跨学科项目。

二、项目覆盖学科

语文、美术。

三、项目简述

（一）背景

本项目主题为"形义结合，对话文本"，引导学生细心观察、关注细节，为相关文学作品配画或是为画作配上介绍语。既能激发学生阅读文本的兴趣，引导其仔细品读，用心感受生活，发现生活中的美，又能从另一角度感受语文学科所体现的图画美、艺术美。学生在完成学习任务的过程中，能够结合资料自主地理解文意，把握关键内容，品味细节之处，感受背后的人文精神。

（二）对象

北蔡中学预备年级部分学生。

（三）课时长度

8～12课时，每课时40分钟。

（四）驱动性问题

本质问题：如何围绕主题，将素材安排得更加有序，并且能够突出其特色。

驱动性问题：

请你参考课文《小站》,以"图文并茂"的形式,为来学校报到(或参观)的同学介绍我校风貌。

子问题1:如何将景物描写得更有序、生动?

子问题2:课文的语言和图画是如何结合在一起的?

子问题3:仔细观察校园,学校由哪些场所构成,每个场所有什么特点?

子问题4:合理运用美术学科的相关知识,思考如何建构图画全貌。

子问题5:图画主题是什么?色彩如何选定?场所的细节如何体现主题?

子问题6:景色的介绍词创作有什么写作技巧?介绍词和图画风格是否一致?

子问题7:介绍词如何体现校园文化特点?作品整体是否和谐统一?

(五)学习目标

引导学生细读文本,细致观察生活。运用课内所学习到的学习技巧能够为简单的场所或景点配图,并运用恰当的写作技巧将地点有目标、有序、有个性、有特点地描述完整、生动。内化与外化的学习过程交织进行,在为学生提供更多合理且实用的阅读路径同时,激发初中学生对文学、艺术学习的积极性,培养学生热爱自然、热爱生活的美好情感。

1. 创造性实践:细心观察,探索创新。创作描述性介绍时能够突破常规,体现其个性特点。

2. 调控性实践:自主开展活动前中后期的组织工作,培养学生优化活动流程的意识。

3. 审美性实践:基本掌握构图原则,具备基本的艺术鉴赏能力。

(1)能用美术词汇表达和交流自己的审美感受。

(2)掌握欣赏和评价美术作品的方法。

(3)选用合适的表现手段,在设计与创造中较贴切地表达自己的情感和思想。

4. 技术性实践:通过实地考察,把握客观数据。优化色彩搭配、空间构图,提升艺术欣赏能力。

四、项目评价

(一)预期成果

1. 初稿

(1)学生能够大致完成某一处场所或全貌的绘制。

（2）部分学生场景的选择重复性大。

（3）创作的解说词较为笼统。

（4）学生能够简单地从美学角度交流自己的审美感受。

2. 二稿

（1）创作前学生对创作对象进行意象沟通避免重复。

（2）学生能较全面地完成场所绘制。

（3）能够运用较恰当的写作技巧进行景点介绍或是解说词的创作。

（4）能够选用较为合适的表现手段，在设计与创造中表达自己的情感。

（5）能较熟练地运用美术术语交流自己的审美感受，并能简单评价作品。

3. 多稿

（1）色彩能够符合该景点的特点。

（2）搭配的解说词具备一定的文学美感，能够凸显校园文化，体现图画美和文学美。

（3）能够较为全面地评价美术作品。

（4）能够选用合适的表现手段，在设计与创造中较贴切地表达自己的情感和思想。

（二）建议

1. 绘制的场所清晰、全面。

2. 绘制的场所的特点与介绍词的重点一致，介绍词重点突出。

3. 介绍词具有一定的文学色彩，能够运用适当的艺术技巧将其优化。

4. 图画和介绍词风格和谐统一，能够从整体上提升美感。

五、项目实施

（一）预计实施过程

1. 前期准备

学生游览公园，关注场所布局和引导语。教师尤其要引导学生关注门票设计或是引导牌。学生能罗列出公园的共性特点和个性特点。

2. 由义及形

（1）教师教授课文《小站》，引导学生把握关键字、词、句，学习如何将一处景色写具体、写有序、写全面、写生动的写作技巧，并体会作者蕴藏其中的情感。

（2）学生细读《小站》，感受小站布局结构特点，体会小站虽小但很温馨的特点。

（3）学生想象小站景色，将《小站》的语言描述有效转变成美术作品。

（4）学生展示作品，生生用简单的美术词汇交流审美感受。

3. 形义结合

（1）教师发布驱动性问题：请你参考课文《小站》，以"图文并茂"的形式，为来学校报到（或参观）的同学介绍我校风貌。

（2）学生细致观察校园，明确校园布局。

（3）学生小试牛刀，首轮活动自由组织，自主发现操作中的问题，尝试寻找解决问题的策略。

（4）多次活动，学生依据美术构图原则绘画，合理运用写作技巧为地点撰写介绍语。交流审美感受，并评价介绍语是否与图画风格一致，是否符合写作要求。

4. 师生小结学习收获

（二）实施过程实录

1. 前期准备　参观公园

学生参观附近公园，参考地形图游览公园，关注公园介绍语。

2. 学习《小站》

品味语言，感受作者将景点写有序、写生动、写具体的方法。

学习任务：你能不能用"简笔画"等方式，把课文的描写"画"出来？

《小站》是六年级上册第五单元的一篇自读课文。课文通过对北方山区一个小火车站景象的描绘，赞美车站工作人员对站台的精心设计，歌颂这样的精心设计给旅客带来的温暖的春意。学生可以通过反复阅读文章，设计出一幅精美的课文插图。但设计插图的一大前提是对文章内容有一个深刻、全面的了解。

（1）建议

点拨：作者是按照怎样的顺序直接描写小站的基本情况的呢？

明确：即先写一进站台就直接可见的月台左面的情况、月台上的情况，然后写月台中间的景观设计，再写月台两头的情况，秩序井然。

通过小组合作分析，我们可以体会这种布置能够说明的问题：小站的工作人员精心设计，安心在偏僻的山区工作，给旅客带来了温暖，表现了他们全心全意为旅客服务的精神。

（2）提示

点拨填空：小站虽_____，但_____。

要求：填空，并说明依据。提示：圈画出重点词、句分析。

设计意图：再读课文，通过把握住关键词句赏析文本，感受作者围绕主题将内容写有序、写具体、写生动的方法，即把握文章的中心，理解作者是如何围绕中心使用材料的。

通过阅读文章，多数学生给出了以下答案：小站虽小，但温馨。

点拨："小"体现在哪里？

明确："转瞬间、一间、几根、三五个、只有……才、两三分钟"等，以上学生自主阅读课文，边读边批画表现小站"小"的词语或句子，同学讨论交流。

点拨："温馨"体现在哪里？

明确："红榜、二百四十一天安全无事故记录、竞赛优胜者、宣传画、喷水池、假山、一尘不染的小宝塔、杏树、蜜蜂"。学生互相补充交流小站的设施、设计，体会小站如此布置的原因。

通览全文，在如此荒凉的氛围中有这样一个小站，小站上有工作人员精心设计的风景，体现出小站的温暖、春意。

（3）绘制图画

绘制图画前，学生一定是对文本有足够的熟悉，且把握住文中细节之处。不管是阅读文本还是绘画过程中，都需要思考本文、本幅作品素材和主题之间的关系。

① 美术角度的提示

满幅构图，构建构图时的节奏感

满幅构图是一种接近于儿童画的构图方式，画面上要具有对立统一的关系，包括对比、节奏和均衡。"满"不是拥挤的意思，而是在学生作画时，反复思考在空白纸张部分将如何做适当补充，学会时时刻刻都顾全大局。

"满"可归为两类，一是有形的满，即画面中近中远景的安排，通过具体的事物做补充；二是无形的满，用色彩来做空间的弥补，使画面看上去协调。

运用所学的色彩搭配知识为黑白装饰画线稿配色

色彩对于初中学生来说是既感到熟悉又感到陌生的美术名词。色彩教学的目的是引导学生自然流露出自己的色彩感受，使学生在直接感受中了解、认识色彩，在感知中理解和鉴赏色彩,并能够在感悟和运用中创造色彩。

掌握色彩的三原色、三要素、色彩对比等基本色彩知识,引导学生体验不同的色彩及色调给人的感受。每种色彩都有自己的"脾气",学生自由选择自己喜欢的色调,至少用两种色相来搭配;可以表达欢快、沉静、热烈、神秘的感受,或者表达不同季节给人们带来的色彩视觉感受。

② 具体操作

布置初稿

不要求上色,用铅笔画画,完成时间为三天,学生之间可以互相讨论。教师利用一个课时展示初稿,学生自评、互评,指出插图的优缺点及可以完善的地方。举了几个典型例子后,后面的插图由学生完成自评。

完善初稿

优化图画构图设计,在初稿的基础上描线上色。这就要求学生再次阅读文本,把握住事物颜色,如荒凉的山体、红瓦灰墙、杏树花开得正艳等。通过颜色的填充,学生能够一目了然地发现山体是茫茫的,但被山环绕着的小站颜色是清新温暖的。从色彩角度把握文章的"色调",也能感受作者运用这种色彩背后的审美内涵,从而体会主旨。

作品展示

美术的艺术语言分为:形体语言(点、线、面)、色彩语言、空间、材质和肌理、构图。请从以上几个角度评价其他同学的作品。

先由学生提出评分标准,如构图布局、色彩和谐、细节精当等,既有对美术技能的考察,又有对文本把握的检测。得低分的学生往往忽视了文本中小站的细节精妙之处,即没有把握住阅读本文的有效路径,同时也较易忽视色彩搭配、空间布局等。

以上内容是对教材上的内容有了内化到外化的过程,既有对文本内容多角度、多方法的细致品读,又能通过本文的学习,优化美术学科构图、色彩方面的实际操作,尝试理解作者的审美意图。为了帮助学生举一反三,建议以小组为单位,为校园绘制一幅图片,并配上介绍或是解说词作为学习活动,以此作为团队成果展示的内容。

为校园绘制图片首先离不开对校园的细心观察,这合乎第五单元的学习目标。其次可以沿用《小站》一课的阅读路径,创意作业的思考方法完成图片的绘制。图片的绘制同样需要考虑构图、布局、色彩等问题。为图片配上解说词首先得明确解说主题，并安排解说词如何为主题服务，也就合乎学习目标中的"梳理文章是如何围绕中心安排材料的"，润色语言，让画面、色彩和文字能够和谐统一。

部分学生作品展示：

3. "图文并茂"绘制校园图片

发布驱动性任务：请你参考课文《小站》，以"图文并茂"的形式，为来学校报到（或参观）的同学介绍我校风貌。

（1）提示

① 回顾《小站》课文的学习，注意在描述时如何将内容安排得更加有序，并且

能够突出该地点的特色或是自己对它的印象、评价等。

②绘制图画时要注意空间构图、布局、色彩等方面。学生绘制的作品可以是某一处的景色，也可以绘制全貌图。但需要注意，如果是绘制局部，需要尽可能避免重复，要尽可能增强丰富性。如果是绘制全貌图，需要设定一个主题，围绕主题创作。如《小站》学习中小站虽小，但很温馨，所有的画面都是围绕着温馨展开的。

（2）前期准备，鼓励参与

预备年级的学生对参加活动有着较高的积极性。学生们利用每节课的下课时间走出教室，观察校园。由于休息时间有限，再加上预备年级的学生尚有些腼腆，有一部分学生仅仅在教室外围的走廊和小花园徘徊，这会导致最后呈现出来的作品有相当的局限性。我鼓励学生："虽然我们已经在学校学习生活了一段时间，但是总有些地方会被我们忽略，同学们应该多多走出教室，走到校园中去。这样才能呈现得更加全面。"其实预备年级学生对周边事物还是保持着较高的好奇心的，也乐于参加这类活动。我们作为老师更多时候应该给予鼓励，给他们动力，增强他们的行动力。

（3）自主活动，发现问题

首轮活动，教师不加以提示，鼓励学生自主、自由创作。展示仅作为班级内部展示，目的在于希望学生自主发现问题，重新思考如何开展活动。这也是这个项目需要解决的核心问题。

在展示过程中学生提出了同学们主要存在的几个问题：

①部分同学绘制的是局部的景，绘制的地点重复现象比较多；

②对景观的介绍过于简单，多数作品的介绍无法体现个性特点，过于笼统；

③绘制全貌图的同学，场所间的风格差异较大；

④美术创作的构图原理没有融会贯通，地理相关的方位、比例没有很好把握。

学生能够结合伙伴们的作品自主发现问题是一个很好的势头。既然发现问题，那就要解决问题。解决问题前最关键的一步一定是解题。老师引导学生再次关注此次活动的通知，把握其文字背后的具体要求。学生能够大体上提到活动分析中的几点核心问题，更具体的问题是：①没有细致观察校园；②没有掌握景物描写或是景点解说词的写作技巧；③空间构图、色彩搭配意识较为薄弱。

（4）针对问题，设想对策

①活动可以以个人或团体身份参加。如果要绘制局部的景色，可以班级内部先沟通确定每组绘制的对象，一定程度上避免重复。也能更大程度上将作品创作

得更加丰富。

② 无论是局部还是整体创作,必须先明确作品的整体风格。与图片配合的文字介绍风格也需与其保持一致。再回顾景物描写的相关知识:动静结合、虚实结合、色彩的渲染、观察角度的变化等。

③ 预备年级的学生已经学习过了空间构图的相关美术绘图技巧,对方位、比例等概念有了一定的了解。可以邀请这方面完成得相对出色的学生上讲台为同学们"指点迷津"。

(5)勇敢尝试,突破自我

第二轮活动开始,学生有较为充分的一周时间完成作品。在任务布置会上,学生自发组织创作前期的意象沟通会,他们有的个人完成作品,有的以小组为单位进行创作,并大致明确创作对象,最大可能上避免雷同。在搜集素材过程中,学生们"倾巢出动",奔波在校园的每一处角落。脚下的步数多了,手上的笔也就更有力了。他们左手拿着设计草图,右手拿着铅笔在上面"指点江山",旁边同学一提醒,就猛地低下头在纸上留下痕迹。学生的参与度高并不停留在室外材料搜集上,哪怕是刚回到班级他们还是会嘴里嘀咕着刚才的探索发现。显然,材料的搜集能够一定程度上提高他们用心、细心观察生活的意识。

① 攻克难点:绘画

对于一部分学生而言这确实是一件令人头疼的事,那如何才能尽可能让更多的学生乃至全员参与呢? 作为一名非专业人士,大致可以这么理解这部分内容:由第一轮的成果分析可知,全体学生画的都是平面图,总体上构图意识良好,但需更注意空间比例问题。由于这项活动是在初中低年级学生中展开,我们需要考虑到他们对应的知识架构水平,如要求他们绘制立体图,接下去的活动可能难以展开。对绘画有畏难情绪的同学,老师、同学可以引导其画出景物特点即可,不必面面俱到。也可安排其完成后期的上色任务,这同样训练到了学生的艺术审美能力。这两点在操作过程中有效地缓解了他们画画过程中的畏难情绪。

② 确立主题,设计个性介绍

为作品创作介绍或是解说词这一环节对有些同学也构成了一定的困难。多数学生用的是小学的写作技巧,喜欢用一些笼统的修辞来描述,且这种描述对增加景物的美感没有切实的效果。进入初中学习,学生有接触到一些非常典型的景物描写,也能够切身体会到景物描写对于人物心情、环境渲染等方面的作用。比如有的学生选择的是花园中的阳光房,这是我们学校的特色。学生通过确定主题"绿意",

明确了画作的整体风格和写作思路。通过描写植物、蔬果的绿意来体现人们盎然的心境、对周围一切事物的关心以及对生活的热爱。

（6）展示评价，迁移拓展

① 美学角度

构图始终应有一个整体观念，知道什么是主要的，什么是次要的，什么该画实，什么该画虚。除此以外构图需要创造节奏，除要从内容出发外，还要有全局观点。先定全局的基调，然后局部服从全局，使整体和谐统一。除了构图的整体性外，构图的对比调和、相互辉映同样重要。构图中的对比因素极多，如：线、形、明暗、空间、表现手法等。通过对比这一技巧，可形成视觉上的张力。

色彩传递情感，色调提示冷暖。每一色相都可以给人带来不同的色彩情感，同一色相在不同的环境下会使人产生不同的色彩感受。在评价过程中，学生明白恰当的色彩搭配体现着人们对色彩规律认识与对美的追求。同时帮助学生学会感知色彩现象，并能从中体验不同的美感和文化艺术内涵。

② 文学角度

本次活动的写作核心要求是将一处景色写具体、写有序、写全面、写生动。在写具体、写有序前，学生明确写作主题，并思考如何围绕主题组织素材，素材之间如何合理排列。动笔前，通过回忆《小站》的学习，可以模仿笔法，或是自己"另辟蹊径"。在写全面上，学生需要多次细心观察校园生活，符合初中低年级学段学生的写作指导思想。写生动则需要运用一定的写作技巧，不可笼统。所有的写作技巧必须为设计的主题服务，要善于运用环境描写、修辞、句式体现该地点的个性特点，给人以深刻的印象。

③ 后期思考

两轮的润色修改所呈现出来的作品一定也称不上完美，但是基本能够解决核心问题：如何通过细致的观察将"义"和"形"融合在一起，体现出文学美和图画美。学生们在这个活动过程中较高的参与度和创作热情是老师欣慰所在。后期也听到一些同学提出了一些更新奇的小创意，看来我们的学生已经不局限于老师给出的提示，更多生成了自我的思考。例如，是否能够给展示墙设置几个主题，按主题选择相应的作品展示。每个主题配合不同风格的音乐，让学弟学妹和校外所有来访的客人更投入其中，感受我们美好的校园，同时用心去体会我们对生活的热爱。

六、项目反思

"形义结合,对话文本",理解文本含义,通过自己的理解将其转化为可感触的画面,并尝试和文本进行有来有往的沟通对话。这个过程中内化、外化的学习过程交织进行,循序渐进。

操作参考:

① 充分阅读文本,品读重点语句。

② 抓住关键物象进行想象,思考作者是如何组织素材的。

③ 结合品读的语句和想象的画面,思考作者为什么这样组织"义"和"形",他想传递出怎样的情感。

④ 将以上的分析和想象用绘画的形式表现出来,表达审美情趣和内涵。

同时可以运用恰当的写作技巧,为它配上个性化介绍,突出它的某一个个性特点。

⑤ 结合图画,再次细读文本,感知"形"与"义"的和谐统一。

为校园设计一幅图片并设计介绍的学习活动,对学生而言难度可能有些大。学校虽然为学生较为熟悉的环境,但内容相对多,如果要求精当地将其绘制完成难度较大,但小组合作完成应该会降低一部分难度。也可视情况由学生自主选择一处景色进行绘制,但效果一定不及总貌图来得全面。对视角的安排、细节的处理也可能会被压缩。

"形义结合,对话文本"不仅适用于现代文阅读,绝大多数古诗文学习中也适用,如一些借景抒情的诗歌、一些描写景色的文言文等,也能够达到一定的学习目标。

"我是上海小导游"项目化学习案例

沈丹颖

一、项目类型

学科项目。

二、项目覆盖学科

英语。

三、项目简述

本项目围绕"如何用英语介绍上海著名景点,让外国游客感受其历史文化底蕴"这个本质问题,引发学生积极思考,引导学生制定上海游览路线,用英语介绍上海的人文历史,并在班中进行分享交流。学生先利用自己的背景知识进行头脑风暴,接着从课本、资料中学习更多的英语表达及历史知识,通过小组合作和竞赛的方式,提高学生的自主探究能力,同时培养学生热爱上海、热爱祖国的情怀。

教材和相关资料:上海教育出版社牛津上海版英语九年级第二学期教材Module2 Unit3 On holiday;与上海著名景点及人文历史有关的资料。

四、核心知识

(一)这一单元所涉及的主要知识点

1. 掌握语法:"with+名词"短语后置的用法;

2. 掌握核心词汇:

如:People's Square, the Bund, the Oriental Pearl TV Tower, Yu Garden, recreation, ballroom dancing, sword fighting, commercial, financial, trade, amazed，craft shops，pavilion 等；

　　3. 运用略读、寻读和信息分析等阅读策略理解文本；

　　4. 运用本文核心词汇和语言结构介绍描述上海的景点。

（二）学科关键概念或能力

　　学科关键概念：运用"with＋名词"的语法及核心词汇，恰当地描述上海著名景点；运用简单的从句对语言进行润色；培养以读促写、听说结合的综合能力。

五、驱动性问题

　　（一）本质问题：如何用英语介绍上海著名景点，让外国游客感受其历史文化底蕴？

　　（二）驱动性问题：作为小导游，如何合理地制定一份上海旅游路线，在展示上海本土文化的同时吸引中外游客？

六、成果与评价

　　（一）个人成果：搜集相关英语单词和句型；绘制上海景点地图。

　　（二）团队成果：绘制英文版上海旅游画报；在班内进行"小导游"比赛：

　　学生以小组为单位，模拟接待外国游客，制作 PPT，利用图片、文字和影音等形式介绍上海，并说明路线和行程安排。

　　（三）公开方式：成果展、张贴。

　　（四）涉及的学习实践：

　　1. 探究型实践：探究上海的著名景点和文化底蕴，并用英语表述。

　　2. 社会性实践：向大家介绍上海旅游路线。

　　3. 调控性实践：确定目标，发展时间线，进行合理分工。

　　4. 审美性实践：让绘制的英文版上海旅游画报更吸引游客，更有美感。

　　5. 技术性实践：通过教材知识的学习及运用网络搜索上海景点的知识；运用简单的信息技术能力，如制作 PPT、视频等，形成一到两个能呈现学习过程的成果。

七、项目实施过程

（一）入项活动

　　学生进行头脑风暴，用英语说出上海的景点。接着观看一段上海的城市宣传片,回忆其中出现的景点,引出本单元要出现的上海景点的英文名称,并按学生学情进行补充拓展。

把学生分成若干小组,从课本、书籍、网络中搜集有关上海景点和相关历史文化的资料。

(二)知识与能力建构

1. 复习、新授有关上海景点的单词和短语,引导学生快速浏览课文,找出 Wendy 一天内在上海浏览过的景点,按照时间顺序将其排序,通过图解加深对这些景点的地理方位的印象。

2. 在了解文章大意后,通过配对检验学生对文章的理解,通过问答帮助学生了解介词短语"with+n.""with+doing"的用法并进行操练。

3. 学生在掌握课文的基础上,继续收集本组的上海景点的资料,如文字、图片、纪录片和电影等资料,体会上海本土文化,并在组员和老师的帮助下形成初步的上海旅游路线图。

(三)探索与形成成果

小组对上海旅游路线图进行再次讨论,制定最终的路线图,组员进行分工(每人负责若干个景点),用正确的词汇、句型和连接词来完整地描述景点,写好英语介绍稿及制作 PPT,以最佳方式来展示景点,并共同完成画报。

(四)评论与修订

1. 组员分工合作,对组内的景点介绍稿、PPT、画报进行润色。

2. 校对,形成最终可以参加成果展的画报和 PPT 作品。

(五)公开成果

1. 在班内举行一个"我是上海小导游"的比赛,学生以小组为单位,进行公开的成果展。

2. 每组学生绘制一份英文版上海旅游画报。

3. 学生制作 PPT,利用图片、文字和影音等形式,用英语介绍上海,并说明路线和行程安排,模拟接待外国游客。班内其他同学可以以外国游客的身份进行提问。

4. 在公开成果展中,由老师和同学进行评价和投票,选出获胜者。

(六)反思与迁移

1. 撰写反思笔记。

2. 讲述自己和团队合作解决问题,边学习边改进,不断完善个性化路线对上海本土文化有更深的认识。

八、反思和体会

通过学习和实践,我感受到项目化学习的过程是以学生为中心的,教师抛出本质问题和驱动性问题,引发学生积极主动地思考。朱熹说:"读书无疑者,须教有疑,有疑者,却要无疑,到这里方是长进。"知识的获得应该始于问题,终于问题。在项目化学习中,问题驱动不仅能够引起学生对项目的好奇心,使项目更加具有挑战性,也是项目任务设计的核心要素。项目化学习的源泉就是学生在学科中提出的真实问题。

通过个人探索和小组协作的方式收集信息、获取知识、探讨方案,进行探究创新。这种基于真实情境的探究性学习,可以通过多任务、跨学科的方式,让学生全身心投入到真实的情境并解决问题,获得一定的学习成果。更重要的是,真正地获取了解决实际问题的能力,这正是杜威"做中学"理论的表现。

夏雪梅博士在《项目化学习设计》一书中提出,项目化学习设计有六个维度:核心知识、驱动性问题、高阶认知、学习实践、公开成果和全程评价。

反思我之前的设计,虽然整个流程的实施基本符合预期,学生也能够积极参与其中并取得了相关成果,但在"全程评价"这方面做得还远远不够。在项目化学习活动中,评价起到反馈与指导的作用。然而在我的设计中,对于评分细则、每位学生学习过程的评估还不够具体,需要进一步修改。

比如,在入项活动中,我可以先设计一个表格,了解学生关于"上海景点"的背景知识,一是可以根据学生的实际情况进行引导,二是可以将其与最后的成果做对比,评估每个小组的学习成果。

学科项目化学习依托的是学科中的核心知识,所以对评价的要求比较高。在知识能力建构时,在复习和新授课文时,应该再多设计一些问题和任务,更好地了解学生对学科知识的掌握程度。除了口头上的问答,一些书面小测试也是必要的,在学习学科知识的过程中,逐渐上升难度,从口头表达能力的锻炼到书面表达能力的提升,为接下来的学习探索和成果公开做准备。

在每个任务探究、形成成果前,我应该更详细地说明明确的规则和评分点,比如在团队成果"上海旅游画报"汇报展示中,可以设定以下评分点,如:旅游景点信息的准确性、英语语言的正确性和文采、旅游路线的便捷性、学生阐述时连贯性、画报的美感等。另外,当学生完成任务之后,各个小组成员之间可以互相点评优缺点,并各自进行优化,重视形成性评估,给予学生改进作品的机会,为最后的成果展示"小导游比赛"做准备。当然,在小组合作的过程中,也要多观察学生,通过提问和引导等方式帮助学生学习和加深本项目中的学科核心知识,同时对学生的核心技能进行评估,确保每个小组能顺利完成任务。

在最终的团队成果展示"我是上海小导游"活动中,除了按照老师制定的细则进行评估、听取老师的意见和评价外,还可邀请学生和家长共同参与评价,每位学生根据自我评价表、小组评价表以及家长评价表进行评价,老师不是唯一的评估者,让学生听到不同角度的反馈更加有效。

在整个项目结束后,我带领学生进行了反思与总结,但做得还不够,可以对照最初设定的学习目标,对个人以及集体的知识和能力发展情况进行评估,让学生总结自己在学科知识以及收集信息、整理信息、团队合作方面的能力提升,让学生真正体会在真实情境中发生的学习,感受学习的喜悦,并用学到的知识解决实际生活中的问题。

通过对夏雪梅博士《项目化学习设计》一书的阅读,我对项目化学习有了初步了解,并进行了简单设计与实施,但对于项目化学习的认识仍停留在较粗浅的层面,还需要做更多改进。新时代新课改对教师要求越来越高,需要我们不断去学习、去突破、去成长,真正让项目化学习带来更大的价值。

"我是北中节能环保小卫士"项目化学习案例

吴晔滨

一、项目类型

跨学科项目。

二、项目覆盖学科

科学、语文、美术、劳动技术、信息技术。

三、项目简述

(一)项目背景

自 20 世纪 90 年代开始,关注人类生存环境的呼声日渐高涨。联合国教科文组织在全球范围内推进环境人口与可持续发展教育(ESD)项目。其目的在于通过全世界各国的努力,把可持续发展与环境、人口教育联系起来。我国也制定了一系列的方针政策,动员全社会成员积极参与,改善人类的生存环境,创建节约型社会,实现社会的可持续发展。我校结合实际情况,提出创建节约型学校,"我是北中节能环保小卫士"项目是围绕该主题,以学生为实施主体,由家长参与的公益与科技创新相结合的系列实践活动。

(二)对象

北蔡中学部分学生。

(三)课时长度

8~12 课时(每课时 40 分钟)。

四、活动目的

本次活动使学生了解人和环境及可持续发展的相关理论知识,增强环保与节能意识。在活动过程中,引导学生留意发生在他自己身边的资源浪费现象,并根据学到的相关知识提出相应的解决方案,从中培养学生的科学态度和参与社会的主人翁精神。在此过程中,学生参加了社会实践,通过查阅资料、讨论分析,提高了发现问题、解决问题的能力,在培养学生的创新意识和创新精神上起到一定的作用,并使学生的动手能力也有了较大幅度的提高。

五、本质问题与驱动性问题

本质问题:如何节约资源,变废为宝,实现人类的可持续发展?

驱动性问题:

1. 我们身边存在的浪费资源和能源的现象有哪些?

2. 我们身边存在的污染环境的现象有哪些?

3. 这些现象出现的原因是什么?我们周围的人对这些现象抱以怎样的观点?

4. 你可以做些什么呢?

六、项目过程

第一阶段:准备阶段(2021 年 10 月—11 月)

发动学校环保积极分子上网收集、查询有关"环境""人口""能源""污染"等内容,围绕"为什么要创建节约型社会"的主题编撰资料,并将有关资料发布在校园网上,供师生阅览,使学生认识创建节约型社会的必要性和重要性。

第二阶段:调查身边资源的使用情况(11 月 1 日—11 月 15 日)

对班干部进行辅导(包括组织形式、调查内容、方法、步骤等),便于组织同学调查身边资源的使用情况。

为了使同学更好地完成调查任务,我们还请部分家长参与,一起讨论创建节约型社会的重要性和如何创建节约型社会。

第三阶段:(11 月 15 日—12 月 15 日)

对学生上交的调查报告进行汇总,在校园网上公布。

公示学生创建节约型社会的金点子和相关作品,并挑选优秀者,参加市、区级各项竞赛。

(一) 校级竞赛

1. 设计宣传主题的风筝并进行放飞大赛。

2. 节能广告宣传画评比。

3. 节能金点子创意大赛。

（二）年级竞赛

1. 预备年级：节能科幻画（美术）。

2. 初一年级：节能小制作（劳技）。

3. 初二年级、初三年级：节能手抄报、板报（语文、信息技术、美术）。

第四阶段：（12 月 15 日—12 月 20 日）

1. 评选出优秀作品并进行展示。

2. 对提交优秀作品的学生给予评奖鼓励。

3. 在家长中评选出家庭节能顾问。

本次活动有 24 个班级 400 余位同学参加，上交作品近 700 件，其中广告宣传画 65 份、风筝 12 个、节能金点子 375 个（包括家长提供的节能方案 74 个）、节能小制作 87 件、科幻画 78 幅、节能手抄报及板报 30 余份。

七、成果与评价

（一）个人成果

1. 各类课题及论文。

2. 小发明小创造小制作。

3. 板报、宣传画、科幻画。

（二）知识点检测

1. 能够利用观察法、调查法、问卷法、统计法了解身边存在的浪费资源和能源的情况。

2. 问卷调查的设计和统计分析。

3. 资料的查询、收集和筛选。

（三）成果与评价

学生以小组为单位，确立自己的观察点，选择自己感兴趣的项目或者是课题，收集和查询相关的资料，对自己感兴趣的现象或者是问题进行观察记录和实验，撰写课题报告，利用相应的图表演示文稿在校园平台上，介绍课题的研究进度，展示研究的成果。

对于设计独特新颖的黑板报科幻画和制作的模型加以展示。

八、经验与反思

（一）增强学生对环境保护和创建节约型社会重要性的认识

让学生走出课堂，留意社会、观察生活，找出生活中的浪费现象，根据了解到的浪费的程度及其危害，提出解决的途径和方法。

同学们在调查报告中指出，用传统的手帕替代或者减少纸巾的使用，可有效减少木材资源的浪费。

限制水笔的使用，提倡使用钢笔，不仅可减少废塑料的耗材，降低制造水笔过程中的能耗，而且可减少因丢弃塑料造成的环境污染。

他们还提出：用传统的菜篮子代替塑料袋、用纸盛放食物、减少一次性筷子的使用等问题。

在调查过程中，学生还关注日常生活中的浪费现象，使节能意识落实到行动上。从生活小事做起，随手关灯、关水龙头，节约文具，使用后的水笔不是用完就丢掉，而是替换笔芯继续使用，午餐时还减少了一次性筷子的使用；部分同学已开始用手帕代替纸巾。

可见，通过前期的宣传学习和调查活动，增强了同学们的环保意识，学生自发地、主动地开始节约身边的资源，这真正体现了以学生发展为本，使学生关注社会，关注日常生活问题，学会解决问题、学会做人、学会生活。

（二）培养了学生的创新精神、动手能力，促进学生对所学知识和技能的运用与提高

本次环保节能项目活动中，同学们可以根据自身特点自由选择参与方式。在节能金点子大赛中，充分发挥了自己的创造潜力和动手能力。有同学在家庭用水方面想到将下水道分成两个独立的管道，其中一条负责排出污水，另一条在入口处设立一个可替换用的过滤口，将还能继续利用的生活污水用虹吸式水泵收集到抽水马桶上方的蓄水箱重复利用。还有利用风能发电，利用太阳能为房屋在冬季取暖，这样既环保又节约了能源等。有同学还想到在校园网上设置访客登录用验证码，可以有效减少因黑客袭击造成的损失。

在同学们上交的节能创意作品中，有用饮料瓶做的花篮、用塑料瓶盖制成的风铃、用易拉罐制成的香熏炉、用饼干盒底为背景剪贴上海洋生物图片绘就的"海底世界"、利用旧电线缠绕出的袖珍双人自行车、用餐巾纸制成的苹果、用雪糕棒和废

旧三夹板粘制而成的别墅模型和笔筒等。

在科幻画、创意广告画中，有同学利用燃烧的蜡烛做比喻，表现人类无节制地对地球有限的资源开采和浪费；为了表现工厂排污对环境造成的危害，以"小巫见大巫"为题绘制出乌贼避敌排放出墨汁和工厂排污管道排出的污水做对比；针对资源的紧缺，我们的同学还利用广告画的形式提出了"请节约这最后一滴水"的口号等。

同学的板报、手抄报，设计独特，排版新颖别致，突出主题，所选的文章都是经过同学们精心挑选，介绍各国成功节约方案、家庭节能技巧，我国目前水资源的使用情况，地球资源由于人类不合理的开发和利用造成的损失，中国使用一次性物品造成环境的污染和破坏……

由上可见，本次项目化学习发挥了同学的想象力、创造力，激发了他们的潜能。不仅培养了学生查找资料的能力，开阔了知识面，并且培养了学生的创新精神，更使他们的动手能力、知识的运用能力和技能得到了提高。那些艺术性、创造发明、动手能力表现突出的同学被推荐参加市、区的各类大赛，其中一人在第3届浦东新区小院士的评选活动中获得小院士的称号；两人获22届英特尔科技创新大赛三等奖；5位同学的作品参加了上海市国际创意作品的展示；3位同学的4项创造发明作品申请了专利；有两位同学在浦东新区环保公益宣传画征集评选活动中分别获得二、三等奖和奖金400元和200元，另有10位同学的画入选2006年浦东新区环保宣传"五"系列活动成果之一《环保公益宣传画学生作品集》。我校学生在浦东新区中小学生"杨思杯"能源小制作（利用风能）活动分别获一、三等奖。

（三）学生参与社会调查，与家长互动，深入家庭、深入社区，进行科技实践活动尝试，响应了浦东新区创建节约型社会的号召，提高了学生的调查分析能力与社会沟通的能力，家长关注自己对子女的教育，学校教育和家庭教育有机地结合起来，更好地促进素质教育的发展。

本次活动，有近80位家长交流家庭节能经验和在家庭教育中对子女进行节能教育的实践，使我们受益匪浅。我们聘请了一位既有丰富节能经验又注重对子女进行节能教育的家长作为我校的节能顾问。本次活动不仅向社区宣传环境保护和创建节约型社会的重要性，并且由于家长的参与加强了亲子之间的沟通，是一次家校教育的成功尝试。

本次活动发动面较广，使学生充分地发挥了他们的聪明才智，达到了培养学生树立环境、人口和可持续化发展意识的目的，培养了创新精神、创新能力，发掘了一批具有创造发明能力、动手能力、想象能力的特长学生，通过家校联合扩大了参与面，积累了家校教育结合，促进素质教育的经验。

在领导的重视、有关教师的积极配合、学生积极参与下，本项目取得了一定成绩，但仍有一些不足。

在学校开展的本次活动中，如果请有关部门的专家来校做环保、节能方面的专题讲座，如果有学生与从事这方面工作的有关人员零距离接触，则对学生知识面的拓展和深度的提高会更有帮助，对环保和节能意识的增强更有利。

科技实践活动对培养学生的创新能力、动手能力有重要作用，不仅需要学生、领导及相关老师的参与，更需要全体教职员工共同参与，一起为促进学校的素质教育服务，这样我们的科技实践活动才能办得更好，取得的效果才能更理想。

学生参与科技实践活动的积极性很高，从本次活动来看，提交上来的作品众多，但由于人力有限，对于评选出来的优秀作品缺乏展示和评析。如何针对学生的创意成果进行进一步的分析和指导，对学生的创新精神加以鼓励，使他们的能力和水平有更大的提高，这是领导和我们教师需要进一步考虑的问题。

"一场舞台剧的诞生"项目化学习案例

龚　丽

一、项目类型

跨学科项目。

二、项目覆盖学科

英语、美术、音乐、信息。

三、项目简述

"现代外语教育注重语言学习的过程,强调语言学习的实践性,主张学生在语境中接触、体验和理解真实语言,并在此基础上学习和运用语言。"(《英语课程标准》)在非英语母语的环境下,如何创设真实的语境,确实从知识为中心转向素养为中心,在做中学并学以致用;从教师为中心转向学生为中心,让学生成为主动的学习者呢?

本项目围绕"如何以舞台剧的形式演绎课文"这个本质问题,引发学生通过组织策划、撰写剧本、前期宣传,完成一场基于课文的舞台剧。学生在进行该项目过程中,锻炼自主阅读能力,加强对文本细节的掌握,借助表演体验语言表达的内涵和乐趣,设计宣传海报以及邀请函,完成剧本创作并进行角色表演。使学生们通过该项目形成有效的学习策略,提高语言理解和表达能力。

英语短剧表演是课程标准语言技能板块的重要组成部分。通过听、说、读、写四种语言学习活动(语言技能),学生建立语汇与话题之间的关联,理解话题关键信息(语言知识),加深对课文的理解(文化意识),并围绕"如何以舞台剧的形式演绎课文"这个出项活动,制订学习计划,整合各类资源,积极探索能够帮助解决问题的学习方法(学习策略)进行学习与实践。项目的进程由学生主导,教师根据学生提出的问题及学习过程中提出的需求进行学习任务的设置和调整。

教材和相关资料:《英语(牛津上海版)》七年级第二学期教材;《2021年上海市初中英语课程终结性评价指南》。

四、核心知识

(一)列出这一单元所涉及的主要知识点

1. 理解与表达:阅读寓言故事;讨论与季节相关的事物。在会话中做到语音、语调基本正确、自然、流畅。

2. 语用与语感:运用学习的句型表达对不同季节的感受。运用已知的单词、习惯用语和固定搭配撰写剧本。运用恰当的语言形式描述人和物,描述具体时间和具体行为的发生、发展过程。

3. 文化与情感:能区分不同季节的特征,并能提高未雨绸缪和规划未来的意识。

(二)学科关键概念或能力

1. 学科关键概念:以话题为载体,巩固语言知识,丰富话题知识,深化对话题的认识,探究话题的内涵和外延,建立话题间的联系。

2. 听:根据重音和语调的变化,理解和表达不同的意图与态度(讨论、采访、读剧本、表演)。

3. 说:

能就相关话题提供信息,表达简单的观点和意见(讨论、采访);

能与他人沟通信息,合作完成任务(讨论、采访);

能有效地询问信息(讨论、采访);

能用英语表演短剧(表演)。

4. 读:

能找出文章中的主题,理解故事的情节(阅读文章、阅读剧本);

能利用词典等工具书进行阅读(阅读文章、阅读剧本)。

5. 写:

能写出简短的文字,如量规等(写量规、写采访稿、写邀请函);

能独立起草剧本,并在教师的指导下进行修改(写剧本);

能简单地描述人物或事件(写采访稿、写邀请函、写剧本)。

五、项目目标

探究性实践：探究人物性格特征，通过阅读、思考和讨论等方式，感悟寓言故事的深层含义。

社会性实践：向大家展示宣传海报、邀请函、舞台剧。

审美性实践：设计相关的宣传材料，控制舞台的美感。

技术性实践：通过教材知识的学习及运用网络搜索的相关知识，形成一到两个能呈现学习过程的成果。

六、项目评价

预期成果：剧本的创作；宣传海报与邀请函的创作；角色扮演。

七、项目实施过程

1. 入项探索

设计问题链，始终以人物情感为主线，深度挖掘文本内涵，思考主人公情感变化和性格特征。展开对故事的想象，完成剧本创作。

2. 知识能力的建构

通过如何以舞台剧的形式演绎课文这一问题，从而引出对舞台剧创作的探索。在英语老师及音乐老师的帮助下，完成剧本创作并进行舞台剧表演。在美术老师及信息老师的帮助下，设计宣传海报以及邀请函。

3. 合作探究

组织策划组：总体规划，进行任务分配与组间协调。表演组：撰写台词，进行舞台剧的表演。宣传组：剧目宣传海报的制作，邀请函的设计。技术组：舞台道具设计，PPT 汇总制作，话筒分配。

4. 形成与修改成果

通过前期的彩排，结合宣传工作，形成最终可以展出的舞台剧。

5. 出项

展出舞台剧。在公开展示中记录他人意见和观点。

撰写反思笔记讲述自己和团队在准备舞台剧的过程中所习得的知识。

八、项目反思

思考一：好的驱动问题是项目化学习成功的动力。

项目化学习在一开始就用具有挑战性的一组问题创造情境，激发学生学习的内驱力，并由学生经过充分讨论确定一个团队项目任务，从而促使学生在强大的驱动性问题所产生的内驱力中创造性地完成一个真实的作品或任务。在整个学习实践过程中，学生主动查找各种资料、识记信息，将信息组织化，巩固和理解信息，形成完成这一任务所需要的知识网络和技能准备。事实证明，好的驱动问题可以使学生从一开始就很清楚自己需要哪些知识，哪些知识是已经学过的，哪些知识需要重新建构或找导师帮助的，学生的自我学习系统得以启动，同时能清楚地理解自己学习的知识与真实世界的联系有着怎样的价值。

思考二："做"和"学"的有机结合是项目化学习成功的要素。

项目化学习中的核心素养，就要让学生在实践中学习解决问题的办法。因此，"做"和"学"是项目化学习的两个主要要素。这里的"做"，绝不是按部就班完成探究的一般流程，而是包含知识技能、过程方法和态度价值观的"学习实践"。这里的"学"，不仅仅是通过"做"获得技能，同时还包含对知识的深度理解。"做"和"学"的有机结合，使学生就像一个真正的导演、音响师、演员那样，不断地遭遇真实的问题，不断地在真实问题情境中经历持续的挑战。他们积极寻找相关背景知识，进行信息整理与重构；不断提出问题和解决问题；在对可选方案进行评估时，能考虑优势和劣势，从而做出有依据的判断；面对各种现象，尝试运用网络及相关工具与设备帮助自己分析、思考；在最终产品（舞台灯光、音响等）中考虑到美观性和观众的可接受度；和不同人群不断沟通、协调，劝说他人接受自己的观点，或者协调与他人的观点差异；在遇到重大的危机和困难时冷静沉着，控制自己的情绪……这样的"做"和"学"是复杂的，具有社会性、探究性、审美性、调控性，但又始终围绕驱动问题的解决持续深入，它们之间不是零散的关系，而是对驱动性问题的持续性探索与回应。

思考三：教师由"教"真正转变为"导"是项目化学习成功的保证。

项目化学习既是一种学习方式，又是一种课程结构方式，离不开教师的参与和指导。教师由"教"真正转变为"导"不仅是名称的改变，还是从学科思维转向课程思维。这里导师以课程设计者的角度参与到项目化学习的主题规划、计划拟订、团队探究、成果发布与学习评价的全过程。教师化身学习导师转"乐教"为"促学"。

导师重在关注学生真实的学习进程，激励学生勇于完成具有挑战性的学习任务，根据学生学习需要提供必要的学习支架、指导学习策略、及时反馈学习效果，给予有效的评价等。学习导师的"促学"还体现在项目化学习中不同小组、不同学生的学习、交往遇到困难时要能及时发现，给予咨询、协调等，提供多元帮助，为学生自我建构知识、自主性发展提供可能。

"悠悠父爱，赤子情怀"

——《傅雷家书》阅读小报项目设计

秦宇琦

一、项目类型

跨学科项目。

二、项目覆盖学科

语文、艺术、信息科技。

三、项目简述

这个项目是面向初二年级学生的学科类型的项目。正值春暖花开之际，疫情却突然袭来，居家在线学习也因此开展。教学形式发生了改变，但是聚焦的目标未曾改变，"着力发展学生的核心素养"应当贯穿于课堂教学和作业中。语文学科核心素养是文化自信和语言运用、思维能力、审美创造的综合体现。因此，线上教学期间，我在设计语文作业时特别注意四点：激发学生做作业的兴趣、发挥学生自主性、调动学生观察生活、培养学生情感价值观。针对部编版八年级下册名著《傅雷家书》，我设计了线上作业项目。学生在这个项目中需要经历的学习历程是：与家长一起采取多种阅读方法阅读《傅雷家书》，综合运用线上、线下等方式完成阅读小报的制作，通过线上成果分享会交流小报制作经验，最后评选出"阅读之星"。个人成果：完成小报制作。团队成果：开展线上小报分享会，完成评价。学生的创造性体现在自主阅读、设计、制作小报，展现与家长共读的成果。

四、驱动性问题

（一）本质问题：如何完成一份文质兼美的《傅雷家书》阅读小报？

（二）驱动性问题：

子问题 1：如何选择恰当的方法阅读《傅雷家书》？

子问题 2：如何确定小报具体内容板块？

子问题 3：如何设计具有美观性的小报版面？

子问题 4：如何通过线上分享小报的制作经验？

五、项目目标

《傅雷家书》这一著作中，不仅包括了傅雷对自己孩子绵延不绝的思念、关于生活做人的谆谆教诲、艺术领域的细致指点，还蕴含着对理想、国家、世界的"赤子情怀"。对于学生和家长而言，因疫情而居家期间，亲子关系有待思考、生活点滴也须深入观察。可以说，此书值得静下心来读。因此，我明确了以下目标。

（一）采取多种阅读方法攻略——用选择性阅读法、亲子阅读法等阅读全书，感知傅雷教子的主要内容，体会浓浓父爱。

（二）运用线上、线下形式完成《傅雷家书》小报制作并分享。

六、项目内容与形式

以《傅雷家书》为阅读内容，以家庭为单位，与家长共读。最终把阅读成果以小报（A4 大小）的形式呈现，并在任教的班级间开展线上阅读小报成果分享会、线上评选出"阅读之星"。

经过我校八年级语文备课组讨论以及学生们集思广益，明确了小报主要内容，如下所示。

（一）孩子的阅读体会收获（字数不限）；

（二）家长的阅读感言（字数不限）；

（三）亲子共读的留影；

（四）经典语句摘抄；

（五）阅读故事分享（阅读中发生的趣事、共读后亲子关系的改善……）。

七、项目实施

（一）布置小报作业前，我先行和学生一起梳理了此书主要内容；学生于三月份完成了整本书的自行阅读。

（二）我们明确了小报的内容板块和具体要求。

（三）布置小报作业时，我向学生展示了整理的学生绘制的各种小报，供学生参考排版设计。如图 1 所示。

图 1

（四）学生和家长合作，再次共读《傅雷家书》，共同制作手绘小报、电子小报，或者线上线下相结合制作小报。如图 2 所示。

（五）开展《傅雷家书》阅读小报线上成果分享会，展示学生小报；教师发送给学生评分表链接（使用问卷星提前设计完成），学生根据评价量表线上同步完成对自己作品、他人作品的评价；教师对全体学生作品做评价，并予以点评。如图 3、4、5、6 所示。

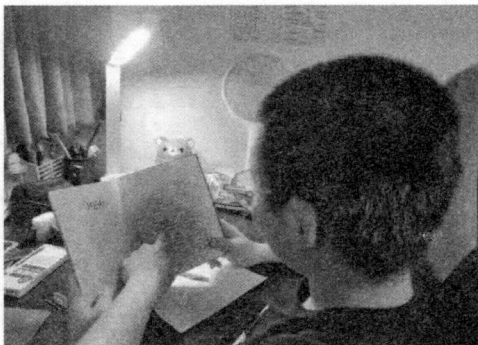

图 2

（六）线上分享会结束后完成数据统计，采用 20% 学生自评＋40% 学生互评＋40% 教师评价的形式，评选出综合评分最高的八位同学（占学生总数十分之一），并做线上表彰。如图 7、8 所示。

图 3

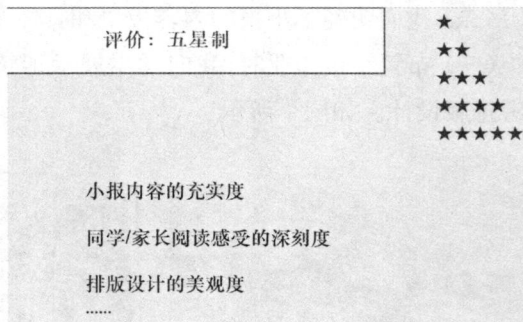

图 4

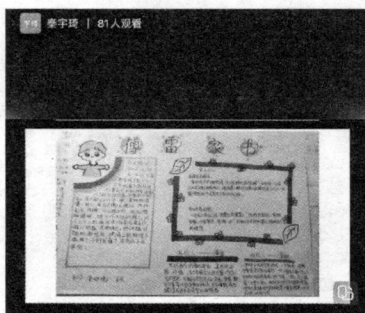

图 5

图 6

《傅雷家书》阅读小报评价表

北蔡中学2019级1班、2班的同学们，此前你们和家长共同阅读《傅雷家书》，完成了自己精心设计、认真撰写的阅读小报。现在，让我们一同欣赏自己和他人的作品，公正客观地为自己和其他同学的作品作出评价。

* 你的姓名是：

黄芯尔

* 作品1

内容的充实度	★ ★ ★ ★ ★
同学/家长阅读感受的深刻度	★ ★ ★ ★ ☆
排版设计的美观度	★ ★ ★ 4 ☆
总体评分	★ ★ ★ ★ ☆

* 作品2

| 内容的充实度 | ★ ★ ★ ★ ☆ |

图 7

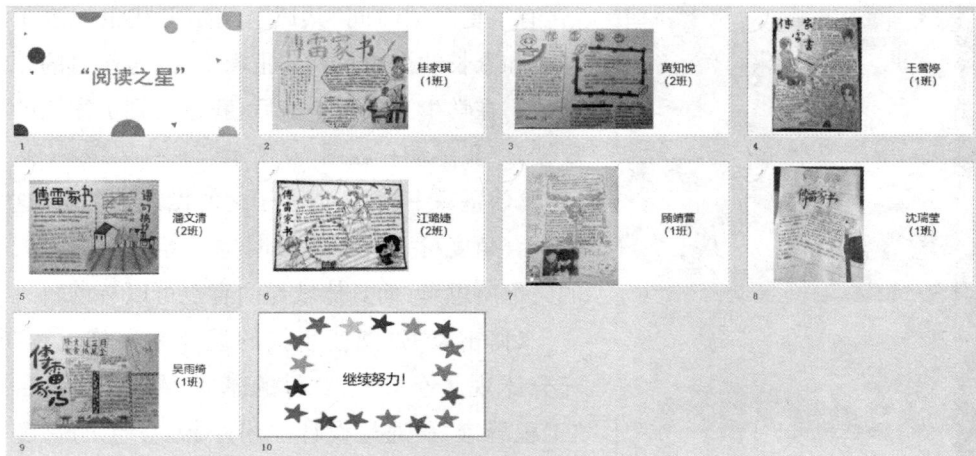

图 8

八、项目评价

学生小报上传至钉钉家校本,允许多次提交。

小报评价量表由师生共同拟定,主要围绕内容的充实度、同学/家长阅读感受的深刻度、排版设计的美观度等方面展开,课前我据此运用问卷星平台提前设置好了问卷,采用五星制供大家评价;开展线上分享会时,一幅作品花半分钟到一分钟左右的时间供大家欣赏,在此同时,我和学生于问卷星上对相应作品做出评价。

我对所有同学的作品做了针对性的口头点评,在分享会最后用了"独具慧心"四个字来整体评价学生的作品。这一点将在最后的案例反思中展开。

在线上成果交流分享会后,我对学生的小报做批改,采用文字进行评价与建议。如图9所示。

吴雨绮的练习

查看提交记录 >

秦宇琦老师 批改于 04-15 10:59

小报紧扣主题,设计精美,"烽火连三月,家书抵万金"又和当下疫情相联系,使读后感更有深度,是一份佳作👍

图 9

九、项目反思

在本次的作业中,学生与家长共读是一抹亮色。疫情期间,家长学生都居家生

图 10

活,有了更多的时间"共读",这一形式也促进了学生和家长的沟通,与《傅雷家书》的写作目的相一致。在学生完成小报前后,我也看到了家长的反馈,令我感动。如图 10 所示。

《傅雷家书》教子以赤子之心做人学艺术,这一教育角度可以允许突破时空的界限而为今天的父母所思考,而具体教导内容也可以有创新。

《傅雷家书》阅读小报的设计和实施过程,充分体现了项目化学习的基本要求——具备"工程思维"。通过设计一份小报,学生的兴趣被激发,自主决定选择什么内容做详尽阅读、如何让自己的小报出彩,再结合自身实际撰写读后感,这样一部经典书籍给学生的内心带来了一定的滋养。

这份小报的制作、评价、分享都与"线上"密切相关,工具和方法的运用都是为了与案例目标相匹配。

这份小报可手绘,也可以电子形式完成,多种形式齐头并进,焕发出不同作业形式的精彩;线上批改时,便捷的评语输入让学生更直接地看到老师有针对性的点评与建议;线上评价时,师生欣赏作品的同时用电子评价系统完成评价,更加便捷高效,数据搜集也更加迅速;线上开展分享会也使家长学生能共同参与其中,这是不同于以往的形式。

我用"独具慧心"来评价孩子们的小报——每个人的作品独一无二,每份小报具备的内容要素齐全,每份作品可见每个人的智慧,每个人都用心、尽心完成。有的孩子和家长依偎共读,感恩与互相理解融于他们和家长的字里行间(如图 11、12、13);有的孩子自己撰写了微言精义的阅读心得,从古至今的历史名人或是对民族国家忠诚,或是坚守自己的理想,我从学生的文字中看出了对"赤子之心"的深入理解(如图 14);有的孩子对亲子关系有了更深刻的领悟,用笔尖为我们呈现(如图 15);有的孩子家长正在一线为抗疫而奋斗,或许少了些家长孩子共读的时刻,但孩子的小报中流露出了对家长的支持与关切,一句"尽管人生那么无情,我们本人还是应当尽量改好,少给人一些痛苦,多给人一些快乐"对于面对当下疫情的每个人而言也是一缕光亮(如图 16)。

图 11

图 12

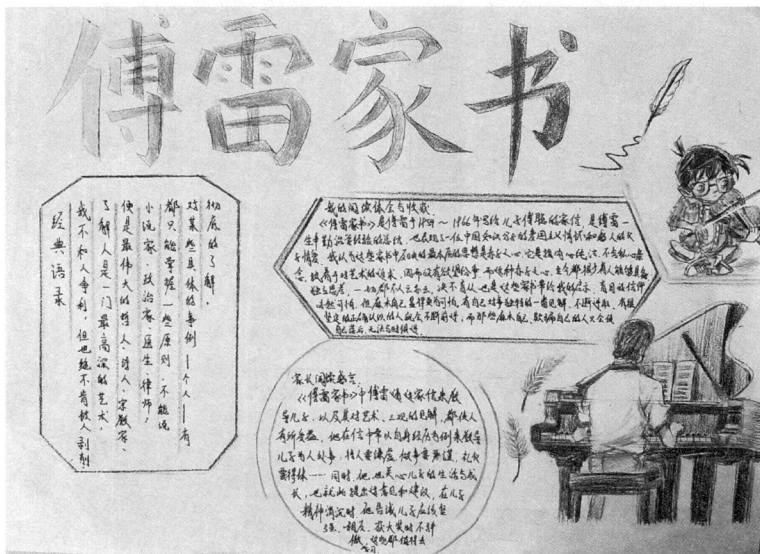

图 13

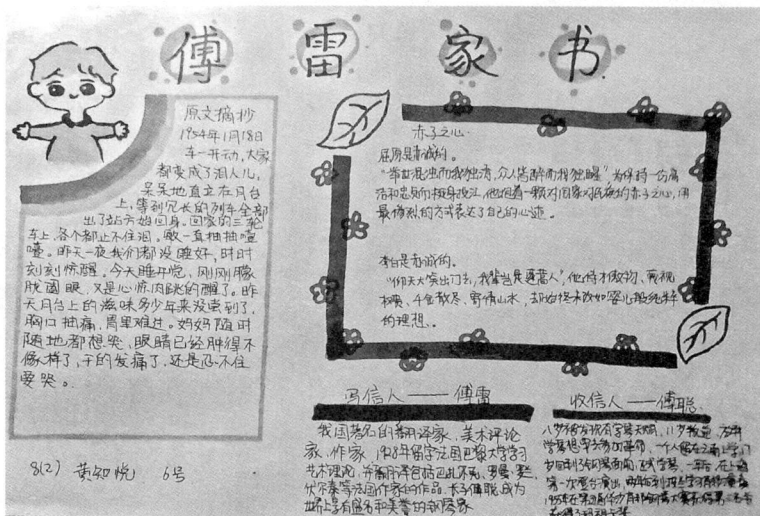

图 14

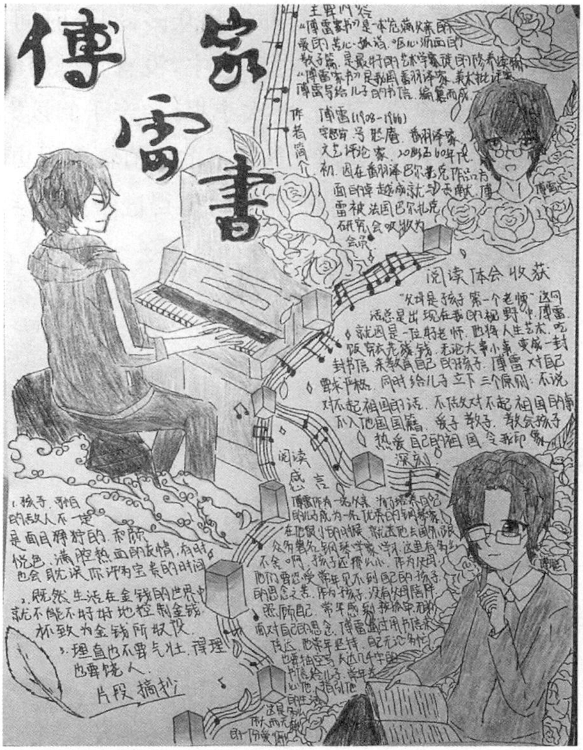

图 15

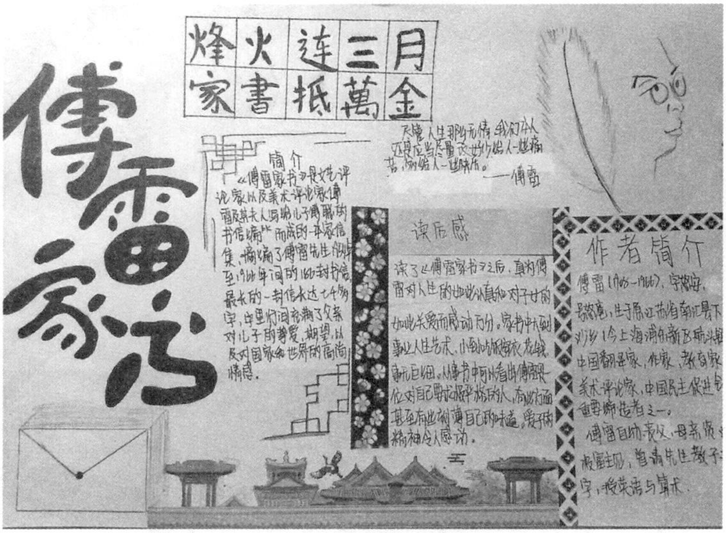

图 16

　　本案例也存在一些不足。首先,精彩的作品众多,囿于时间,小报分享交流会上,以学生使用电子评分系统完成自评、他评为主,没有花一定时间用来请学生连麦说说对同学作品的评价和建议;其次,此次小报以"亲子阅读"为特色,或许是一座架起家长和孩子沟通的桥梁,但如何让这本书的价值辐射得更久远,是我应当再做思索的。对于语文学科的育人目标而言,这也值得进一步探索。

"制作喷泉实验"项目化学习案例

储昕颖

一、项目类型

跨学科项目。

二、项目覆盖学科

化学、物理。

三、项目简述

在本项目中,学生需要了解物理学科中气压的概念及原理,能够分析部分化学反应中密闭容器内气压变化,并能根据原理,制作出喷泉实验。

在 2019 年新编的沪教版化学教材中改进了一个实验:测定空气中氧气含量。这一实验在原先实验的基础上增加了温度传感器和压强传感器,让学生直观感受化学变化中的气压变化。并且在之前的授课过程中,气压问题一直是同学们较难理解和掌握的知识点,在化学反应过程中温度和气体体积变化与气压之间的关系也是一大难点,该项目将初中化学反应中与气压有联系的实验结合在一起。

学生们在了解物理和化学的相关知识后,小组讨论合作研究,选择合适的药品和反应条件,并对实验仪器进行改进和搭配,设计装置图,并完成"喷泉"装置。

四、核心知识

(一) 所涉及的主要知识点

1. 物理学科知识点:气压的概念、形成气压变化的原因。

2. 化学学科知识点:

（1）可燃物质在燃烧过程中的化学反应方程式及现象。

（2）部分气体的溶解度。

（3）碱与非金属氧化物反应。

（二）学科关键概念或能力

1. 理解气压变化的实质。

2. 根据气压变化，能利用单一原理完成简易"喷泉"。

3. 能根据多种反应完成富有创造力的成品。

4. 培养逻辑思维能力、动手创造能力。

五、设计驱动性问题

（一）本质问题

在化学反应过程中，气压如何变化？

（二）驱动性问题

如何利用化学试剂制作出"喷泉"？

子问题 1：如何让容器内产生压强差？

子问题 2：如何设计容器，搭建装置？

六、项目过程

（一）入项探索

1. 由教师梳理初中化学教材中与气压有联系的化学实验：测定空气中氧气含量、氢氧化钠与二氧化碳反应。梳理化学知识点：物质的燃烧、碱与非金属氧化物的反应、气体在水中的溶解度。

2. 与物理组老师沟通气压知识点的讲授。

3. 向学生发布驱动性问题。

4. 向学生教授相关化学知识及分析在该实验过程中的气压变化。

5. 完成测定空气中氧气含量实验、氢氧化钠与二氧化碳实验。

6. 学生分组自主完成装置的设计，分析装置的优缺点。

（二）知识能力的建构

1. 查找资源：

（1）查找生活中的不同的喷泉装置，了解其中的原理。

（2）确定化学实验的原料：

是否所有物质燃烧都会造成气压变化？气压变化的多少是否会影响"喷泉"实验的可观性？

是否所有可溶于水的气体都适合完成"喷泉"实验？这个实验对气体溶解度有何要求？

（3）研究不同装置的特点：

根据之前学过的装置，分析各种装置的优缺点。

2. 设计装置：对现有装置进行分析后，进行改进设计，并分析装置的亮点。

3. 进行实验：以小组为单位进行实验。

4. 分析结果：对装置和实验现象可观程度进行分析。

5. 评价：组内互评，组间互评，教师评价。

（三）合作探究

1. 全班分为四人一组，调查现有的玩具喷泉或商场喷泉的原理。

2. 选择不同的实验原料进行实验，并分析不同原料对实验的直观现象有何影响。

3. 由小组组长进行汇报并整合哪些实验原料可以达到较好的效果。

4. 小组成员共同设计装置组合并完成概念图。

5. 完成实验并改进装置。

6. 小组汇报。

七、目前进度及困难

1. 该项目能够顺利开展的前提是学生们已经将初三化学学科内容学习完毕。在化学反应中，与气压有关的内容较分散，难度也相对更大，且在项目开展时，学生也同时面临着升学压力，时间和精力都较有限。

2. 在生活中遇到的喷泉都是开放式的，比如在商场、酒店门口的喷泉都是与物理中的动力压力有关，与化学反应无关；有一款玩具是小型密闭的喷泉，利用热胀冷缩的原理，可以达到喷泉的效果。只有少量产品可以作为参考，对于学生的设计和创新难度较大。

3. 大部分学生设计的装置图都类似，区别在选用不同的药品，且学生对于装置的认识也比较局限,选择的仪器比较雷同,所以在之后的设计中,将改变装置中的药品。

4. 既然装置设计上难以有突破,那么之后开展过程中将更加注重喷泉效果。比如同样是第一个装置,用二氧化碳和水、二氧化碳和氢氧化钠的效果完全不同。用二氧化碳和氢氧化钠、氨气和水的效果不同,原理也不同。

八、项目反思

1. 学生的实际能力≠教师想象的学生能力

在进行实验时,教师一直充满担忧,学生是否能完成这个项目? 学生能否发现实验的不足之处? 诸多问题都围绕在教师的脑海中,并且已经开始设计思路、引导学生思考。但是在实际操作过程中,我发现学生们的能力远比我想象的强。以学生们的分析能力为例,以下是关于不同实验装置的优缺点的表格。

实验原料	实验装置	优 点	缺 点	展示效果

在实际分析过程中,有许多出人意料的答案,比如:反应后清洗仪器较困难;使用的药品过多,产生浪费等。这些问题虽然在考试中不会出现,但是这些都证明学生有很强的分析能力。这些都是被低估了的学生,他们的想法比老师新奇,也比老师们多。能顺利开展项目的前提是信任学生的能力,给予他们足够的空间和时间,让他们按照自己的想法完成项目。

2. 评价的多次多样激发学生的积极性

在项目进行过程中,每个步骤都进行评价,比如学生收集生活中的喷泉装置时,可以根据找到的数量、分析数据的完整程度、规划参观路线等多方面评价。除了小组学生之间互相评价、各个小组竞争、教师评价之外,也可以让更多的社会人士参与到评价体系中,让学生们介绍自己的产品,这样更容易激发学生的积极性,在装置的效果、性能、美观度上更尽心地设计。

"UFO 真的存在吗"项目化学习案例

刘　鑫

一、项目类型

学科项目。

二、项目覆盖学科

美术、英语、科学。

三、项目简述

2022 版《义务教育英语课程标准》提出建议,教育要聚焦中国学生发展核心素养,坚持育人为本。英语教师要把落实立德树人作为英语教学的根本任务,准确理解核心素养内涵,全面把握英语课程育人价值;引导学生在学习和运用英语的过程中,了解不同国家的风土人情、文化历史、科技艺术方面的文明成果;指导学生对比中外文化,开阔国际视野,坚定文化自信,加强文化的认同,培养具有家国情怀、国际视野和跨文化交流能力的建设者与接班人,为中华民族的伟大复兴而储备人才。

本项目围绕"外星人真的存在吗"这个开放性问题,引导学生通过查阅资料、前期调研、科学讨论、表演英文短剧、制作英文海报、撰写外星人英语故事,完成多样化成果展示。学生在该项目活动过程中,可以开拓思维,激起对太空的探索欲与好奇心,锻炼自主搜集整理信息的能力,学会合作讨论,开发想象力,借助短剧表演锻炼口语等多方面语言能力,运用美术绘制英文海报,撰写英语故事提升写作能力。使学生们通过该项目激发对科学、英语和美术的喜爱,同时感受到学习的趣味性与创造性。

教材和相关资料:《英语(牛津上海版)》八年级第一学期教材 Module 3。

项目价值

项目通过引入并创设真实的入项情境，提出驱动性问题："Do you believe aliens really exist in the Earth?"项目赋予学生探究员的角色，激发学生主动探究有关外星人是否曾经登陆地球的相关内容或者影视资料，综合运用所学语言转化为向同伴他人表达观点、论证逻辑的能力，让每个学生都能深度进入到问题解决的真实情境中。项目通过子问题链，逐步让学生在项目中学到的知识变成可迁移的能力和创新素养。教师把学科知识包裹在驱动性问题中，在驱动性问题驱动下，学生逐步学会如何利用工具探究外星人奥秘涵盖的关键信息，学会利用关键信息创作故事，分工合作完成海报设计，学会在评价反思中不断调整表演方式，最终解决如何用英语适切得体地向同学们展示舞台表演任务的问题。项目蕴含的高阶认知能力将会引导他们迁移到生活中用英语进行其他事物推荐的介绍任务中，落实提升学生跨文化交流能力和解决问题的能力。

四、项目设计

(一) 项目目标

1. 学科知识和能力

(1) 能用核心词汇完成英文故事的创作以及短剧的表演。

例如，重要短语：

escape from the cage 从笼子里逃出；

aim sth. at sb. 用某物瞄准某人；

moments later/a few moments later 片刻之后；

at this/that moment 此时，那时；

one by one ＝ one after another 一个接一个；

one of the most famous stories 最出名的故事之一；

go across the sky 跨越天空；

an air base 一个空军基地；

have a bad dream 做噩梦；

interrupt sb. 打断/打扰某人；

search＋地点＋for sth./sb. 在某地搜寻某物/某人；

search sb. 搜身；

search sth. 搜查某物。

（2）能运用核心句型表达关键信息。

例如：

base sth. on 以······为基础

例句：The film is based on a true story. 这部电影基于一个真实的故事。

There be ... doing sth.＋介词短语······正在某地做······

例句：There are three dead aliens lying by the side of the spaceship. 有三个死亡的外星人躺在飞船旁边。

You are done for. ＝ You are finished. 你完了。

2. 理解与表达能力

理解 Nobody knows 课文，运用英语综合能力讨论并进行批判性思考。

3. 语用与语感能力

运用学习的句型表达对不同目击者陈述的感受。

4. 文化与情感能力

能够识别观点和事实，能够客观理性地思考，辩证地去看待问题并得出结论。

5. 学科关键概念或能力

学科关键概念：以文本为载体，巩固语言知识，拓展学生思维能力，深化对科学问题的认识，探究观点与事实的区别，从而进行讨论。

（二）学习素养

1. 创造性实践：故事创作、短剧创作、海报创作。

2. 探究性实践：能利用各种资源探究"UFO 真的存在吗"，尝试利用信息技术探究如何制作海报、故事和视频。

3. 社会性实践：通过小组分工与合作设计，能运用适切的交际策略和运用海报宣传或视频宣传等方式进行前期社会调查，后期向家长和社区人员公开演出短剧、故事、小报展示。

4. 调控性实践：英文短剧准备和排练过程中的各阶段组织管理安排工作；写作的时间安排与计划；能在海报或视频制作过程中，不断调整和丰富推荐介绍的表达方式与内容。

5. 审美性实践：短剧演出的表演艺术美感，例如演出设计、语言节奏把控、服化道安排等；写作故事的语言美感；海报的画面美感。

6. 技术性实践：能利用信息技术解读教材知识的学习及运用网络搜索的相关

知识;形成一到两个能呈现学习过程的成果,制作思维导图等,合作录制相关介绍小视频或海报。

（三）驱动性问题所蕴含的高阶认知

创见：能紧密结合课文背景,根据推荐对象的需求创作推荐文案,设计简洁美观的海报作品或生动创新的舞台表演。

五、项目评价

预期成果：Nobody knows 英文短剧表演;

写一篇以 UFO 为主题的英语故事;

制作以"我想象中的外星生活"为主题的海报。

六、项目实施过程

（一）入项探索

设计问题链,始终以文本五位证人的证词为主线,深度挖掘文本内涵,思考各位证人证词的合理性和可信度。学生得出各自的观点并输出。

（二）知识能力的建构

通过如何制作小报这一问题,引出对外星人的好奇。在英语老师及美术老师的帮助下,完成小报制作。在音乐老师的帮助下,设计舞台剧。

（三）合作探究

组织策划组：总体规划,进行任务分配与组间协调。表演组：撰写台词,进行舞台剧的表演。宣传组：剧目宣传海报的制作。技术组：舞台道具设计,PPT 汇总制作,话筒分配。

（四）形成与修改成果

通过前期的彩排,结合宣传工作,形成最终可以展出的舞台剧。

（五）出项

展出舞台剧。在公开展示中记录他人意见和观点。

撰写反思笔记讲述自己和团队在准备舞台剧的过程中所习得的知识。

七、项目反思

要了解学生的实际水平,熟悉教学环节,熟练输出教学用语,避免不必要的教学设计环节。

教学开始的导入环节，时间把控较好，可以很好地激发学生对外星人与 UFO 的探索欲。学习关于 opinion 和 fact 的概念非常关键，为后文的批判性思维的运用做铺垫。因此，我第一遍上的时候只是轻描淡写，没有解释内涵，没有板书强调，学生无法很好地理解并运用它来进行判断。最后我简化概念，以学生能够读懂的方式解释：Facts are true stories.事实是真实的故事。Opinions are your feelings.观点是个人的感受。并加上典型例子方便学生理解及判断。

本文的标题解读对于学生理解文本也非常关键，之前我只在课堂的最后解释标题，学生无法很好地意识到标题的内涵。之后，我在一读阶段，引导学生对文章标题进行提问，并理解标题意义，使得学生对文本有了更好的理解。

教师指令要清晰准确。在教学中，有时我的用语多却无法让学生把握住重点。

活动本来设计了一张表格，包含了 5 个 witness 的关于 when，where，what，who 的信息需要学生完成，并最终由学生一个一个起来回答。但是这样的形式无聊且费时，因此，我将其改进为给出 witness A 的信息作为参考案例，其他空格给出分值，答案直接给出，无需学生起来回答的方式，以此节约时间，并让学生通过计算自己的答题正确率来获得成就感，为最重要的讨论环节留够时间。

在处理文本的过程中，我并没有充分发挥学生的主动性，来让他们问出自己想问的问题。但好处是，他们一直在我的引导下进行对于观点与事实的分析判断。

讨论环节，以六人一组的形式展开讨论：Which witness's story do you believe? Why?

学生对于文本各抒己见，但是全程都是我来问我来点评我来质疑，并没有形成学生踊跃回答的场面，因此需要我深思。

本次总结部分非常精彩，我结合 nobody knows 的标题，问：This passage includes an introduction and body but no conclusion. Why not? What kind of conclusion can you add? 引导学生思考作者的观点，进一步理解 news report 的文体，明白找出真相固然重要，但是学会思辨的过程更加重要。学生整体听课效果不错，也受到了师父的表扬，在此也感谢我的校内外师父对我的悉心指导，他们为我提出了很好的修改意见，多次耐心地解答我的疑惑。

项目化学习既是一种学习方式，又是一种课程结构方式，离不开教师的参与和指导。教师由"教"真正转变为"导"不仅是名称的改变，还是从学科思维转向课程思维。这里导师以课程设计者的角度参与到项目化学习的主题规划、计划拟订、团队探究、成果发布与学习评价的全过程。教师化身学习导师是转"乐教"为"促学"。导师重在关注学生真实的学习进程,激励学生勇于完成具有挑战性的学习任务,根据学生学习需要提供必要的学习支架、指导学习策略、及时反馈学习效果,给予有效的评价等。学习导师的"促学"还体现在项目化学习中不同小组、不同学生的学习、交往遇到困难时要能及时发现,给予咨询、协调等,提供多元帮助,为学生自我建构知识、自主性发展提供可能。

"田径小教练"项目化学习案例

倪嘉琦

一、项目类型

学科项目。

二、项目覆盖学科

体育、生物。

三、项目简述

本项目围绕"人如何跑得更快"这个问题,引发学生利用手上的工具,研究人跑动时候的相关动作以及对应的知识点,区分跑与走的不同,从另一个角度来看待"跑"这个动作,从而能够更深层次了解什么样的动作更有利于提升跑步速度,并且能够运用于自己的锻炼中,达到提升自己成绩的目的。

教材和相关资料:上海教育出版社体育与健身七年级;与生物力学相关的资料。

四、核心知识

(一)列出这一单元所涉及的主要知识点

动作结构:由起跑、起跑后加速跑、途中跑和终点冲刺跑四部分组成。

动作技术关键:1. 知道起跑需要迅速反应与快速启动的能力。2. 知道起跑后加速跑需要用较少的步数在较短的距离内完成加速至最高速度。3. 知道途中跑需要跑动过程中臂和腿的协调配合。

(二)提炼学科关键概念或能力

学科关键概念:跑步速度取决于步长和步频。

五、驱动性问题

(一) 本质问题

人如何跑得更快？

(二) 驱动性问题

分别有哪些因素决定了跑步的速度？

六、成果与评价

(一) 个人成果：找到决定跑步速度的几大要素。

(二) 团队成果：结合个人成果，实施提高跑步速度的计划。

(三) 涉及的学习实践：

探究型实践：探究步长与步频对于跑速的影响。

社会性实践：向大家介绍和展示自己发现的动作原理。

调控性实践：明确实验目标，在过程中制订计划。

技术性实践：通过教材知识的学习及运用网络搜索各种关于运动力学的知识，制作跑速与步长、步频关系图，形成能呈现学习过程的成果。

七、项目实施过程

(一) 入项探索

利用相机记录跑步动作各个细节，分析其中动作原理。

学会分析步长与步频在跑步中起到的作用。

比较不同情况下，步长与步频与跑速的关系，用图表展示出来。

(二) 知识能力的建构

了解步长与步频如何决定跑步的速度，从而引出通过什么样的训练方式能够把步长与步频提升到合适的程度的探究。

通过反复观察跑步慢动作或者照片，寻找跑步的动作组成，寻找网络资源和与专业老师的交流，了解相关的原理。

(三) 合作探究

通过对相同步频但不同步长的情况的实验调查，以及相同步长但不同步频的情况的实验调查,可以将学生分为两组,分别研究决定跑速的两个因素——步长与步频,以及决定步长和步频的因素又有哪些,并通过这些因素来设计提升步长与步频的训练方法。

小组内完成分享后,进行汇总,商讨出一份完整的训练计划,并且运用到实践中。

(四)形成与修改成果

结合老师上课的流程,进行专业的教学培训,达到可以给他人进行授课的程度。

(五)出项

开展一次展示课,教授其他没有参与过此项调查学习的同学。

(六)反思

撰写反思笔记。

讲述自己和团队把所调查后的内容运用到跑步训练中后获得的成果。

八、反思和体会

通过查阅"项目化学习"的相关资料,对自己正在进行中的项目化学习设计方案,做进一步的改进。经过了一段时间的学习后,回过头来再看自己之前的设计方案,确实略显稚嫩,还需要很多的修改、提升。

我主要阅读的书籍有夏雪梅博士的著作《项目化学习设计:学习素养视角下的国际与本土实践》,还有网络上查阅到的唐国瑞、邱伟的《项目化学习在体育健康教育中的实践研究》,以及众多公众号上的案例。如"项目化学习中的入项课,如何上""学科项目化设计如何破局""让学生成为知识的创造者"等各种优秀的项目化学习案例以及研究报告。

经过一系列的学习,我认为设计一个项目化学习的要点是十分重要的,首先这个内容和目标一定是要与国家、社会、学校的教育方向一致的,且是与生活贴近、密不可分的,也就是问题要真实,并具有一定的挑战性。我觉得这才是一个合格的项目化学习的内容。通过这样的内容去进行项目化学习,让学生持续地去进行探究,让学生实现知识的再建构,创造性地解决真实情境中的问题,并能够将学到的知识和能力在不同的情境中迁移和运用。这一点恰恰是我之前的设计方案中弱化的一点。虽然有目标,有挑战,但是方法单一,好像这就是老师设定好的路线,让学生去走就行了,这就违背了项目化学习的初衷,学生得不到真正的探究。所以我会在我之前的设计方案上着重修改这一点。

之前说过,我们设计的内容要贴近生活,要真实,因为生活中的种种是学生们今后走出校园后势必要经历的,没有人天生会处理生活中的种种,所以进入社会后的学生一定是经过一次次的试错才能找到真正实用的方法,那么我们的项目化学习的内容就可以让学生在学习的过程中接触到真实情境,了解各方面的内容,包括各种职业的工作内容、各种事情的安排处理方式等,学生们提前去尝试去了解,并放手去做,我觉得这是很宝贵的一课,也有助于学生认识自己,发现自己的优缺点、兴趣点,这样可以帮助他们在今后的道路上少走一点弯路。同时项目化学习可以让学生在真实情境中不断地运用已有的经验,再去不断学习新的经验,整个过程,学生提升了批判性思维、合作、人际沟通、创造性解决问题、分析等能力,我觉得,这样的学生才是我们需要教育出来的学生。明白了这一点后,再反观自己之前的方案设计,真真切切觉得自己设想得太简单了。虽然不能一下子就让我的方案变得完美,但至少有了方向。今后也会以此为基础,努力做好方案设计。

总的来说,我们还需要更多的学习,从学习中能了解更多,能知道自己的不足。经过大量的学习后,我们能够从量变走到质变,那么未来也会更加精彩。

制作精美的"蓝宝石"晶体项目化学习案例

晁　丽

一、项目类型

学科项目。

二、项目覆盖学科

化学。

三、项目简述

(一) 背景

生活中,学生耳闻或目睹过"蓝宝石",对它的精致美丽与高贵充满了好奇,而硫酸铜晶体具有漂亮的蓝色菱形形状,堪比"蓝宝石"。在《物质的结晶》一课,学生对培养一个专属于自己的晶体充满了期待。

(二) 对象

北蔡中学初三年级部分学生。

(三) 课时长度

6~8 课时,每课时 40 分钟。

四、驱动性问题

本质问题:晶体是怎么产生的?

驱动性问题:

如何制作漂亮的"蓝宝石"晶体?

问题拆分:

"如何配制热饱和硫酸铜溶液?"嵌入知识"饱和溶液与不饱和溶液的概念、判断方法",发动学生找到解决问题的方案"在加热到沸腾的蒸馏水中,不断加入硫酸铜固体直到有固体剩余"。接着设计驱动性问题:"还可以利用什么办法配制热饱和硫酸铜溶液?"发散学生思维,找到还可通过蒸发溶剂、改变温度将不饱和溶液转化成饱和溶液,在此嵌入知识"结合溶解度曲线(包括熟石灰溶解度曲线)判断如何改变温度使饱和溶液和不饱和溶液相互转化"。继续追问:"还有什么办法配制硫酸铜的热的饱和溶液?"提供资料支持:五水合硫酸铜固体在不同温度下的溶解度表,发动学习共同体找到利用溶解度的简单计算还可进行定量配制热饱和硫酸铜溶液。

五、学习目标

制作"蓝宝石"晶体涵盖了溶液单元中的核心知识;使用到的技能有:溶解、加热、过滤;通过漂亮的晶体及其结晶过程,让学生体验到化学之美,萌发对化学的热爱之情;通过制作"蓝宝石",培养学生积极动手实践的热情;通过阅读资料获取信息,制订配制热饱和硫酸铜溶液、除去过多的硫酸铜固体的方案,建立分析溶液的思维模型,培养证据推理与模型认知的核心素养。

(一)探究性实践:探究饱和溶液的配制、多余固体的除去和结晶方法。

(二)社会性实践:向大家介绍自己制作"蓝宝石"晶体的历程。

(三)调控性实践:明确实验目标,在过程中制订计划。

(四)审美性实践:展示各种各样精美的"蓝宝石"晶体作品,评选出最漂亮或者最有特色的作品。

(五)技术性实践:通过教材知识的学习,构建溶解度在物质结晶应用中的思维模型。

六、项目评价

预期成果:

(一)个人成果:制作一个漂亮的"蓝宝石"晶体。

(二)公开方式:"蓝宝石"展。

或许在项目具体实施的过程中因为各种各样的不确定因素导致没有一个"完整的作品",但是这并不完全意味着整个学习过程的失败,展示也可以是对整个学习过程的总结和反思。

七、项目实施

（一）入项探索

欣赏视频，感受美丽化学。让学生感受晶体的神奇与美丽，萌发热爱化学的情感。同时对结晶过程以及晶体获得感性认识，为后续进展奠定基础。

（二）知识能力的建构

思考如何制作，整体感知制作"蓝宝石"晶体的步骤。

制作"蓝宝石"晶体步骤：

1. 配制热的饱和硫酸铜溶液；

2. 除去多余的固体；

3. 制作"晶核"；

4. 获得精美的"蓝宝石"晶体。

学生对制作"蓝宝石"晶体的过程有一个初步的整体认识。

（三）实验探究

制作"蓝宝石"晶体：

步骤一：配制热饱和硫酸铜溶液。

如何配制热饱和硫酸铜溶液？配制饱和硫酸铜溶液还有哪些方法？教师可以提供支持：五水合硫酸铜在不同温度下的溶解度表和几种物质的溶解度曲线。建构饱和溶液和不饱和溶液转化的关系图。

步骤二：除去未溶解的固体。

为何要除去未溶解的固体？如何除去未溶解的固体？此过滤过程中要注意哪些事项？

查阅资料：

1. 晶体的生长需要晶核，晶核不能"泛滥"，否则无法生成大晶体。

2. 溶液中晶核过多，发生粘连，无法形成较大晶体的图片。

3. 趁热过滤的常用方法：抽滤装置和保温漏斗。

步骤三：制作"晶核"。

观察溶解度曲线，判断通过降温结晶获得硫酸铜晶体。教师可提供电脑技术调整播放倍速以便观察晶核的生长过程。

步骤四：获得精美的"蓝宝石"晶体。

挑选合适的晶核放入重新配制的热的硫酸铜饱和溶液中,培养晶体长大形成"蓝宝石"晶体。教师可提供电脑技术播放倍速以便观察晶体长大过程。

（四）出项

在全校师生面前进行展示,欣赏各种各样精美的"蓝宝石"晶体作品。

在公开成果展中记录他人意见和观点。

（五）反思

撰写反思笔记。

讲述自己制作"蓝宝石"晶体的历程及对结晶的理解。

八、项目反思

不能实现核心知识再建构的项目化学习就像没有灵魂的搏击赛,之后的一系列探究环节都会沦为一场没有意义的嬉闹。因此,核心知识的再建构成为项目化学习评价设计的重要依据,即学生在解决驱动性问题过程中,在展开持续探究的过程中,在公开成果的展示过程中是否体现了对核心知识的运用、转换和迁移。

因此可以对项目进行改进。除了"蓝宝石"展,布置课外拓展实践:利用厨房里的氯化钠固体培养氯化钠晶体;探究分析"天气瓶"中发生"澄清"变化的原因是什么;及时诊断与落实知识的实践应用;通过构建溶解度在物质结晶和提纯中的应用的思维模型,帮助学生突破学习难点;利用化学知识分析"天气瓶"的原理,使学生的科学辨识能力获得提升。

"北蔡中学文创设计"项目化学习案例

蒋偲佳

一、项目类型

学科项目。

二、项目覆盖学科

美术。

三、项目简述

新时代的美育重视发展学生的创意表达,培养学生形成自己的想法与风格,具有创造性解决问题的能力。学生创新能力的培养需要营造活跃的氛围,贴近学生的生活,激发学生的兴趣。依托于此背景,笔者设计了以"北蔡中学文创设计"为主题的项目化学习,通过带领学生探索本校文化特色,利用多种感官的参与培养学生的创造性思维,设计校园文化产品,拓宽课堂深度和广度,更大限度为学生创意思维的发生和表现提供途径。同时在此过程中通过对校园文化的探索,丰富学生的校园文化生活、了解学校精神内涵,以文化人、以美育人。

本项目授课对象为北蔡中学预备年级学生,通过设计挑战性问题、确定项目目标、构建课程结构,保证项目实施的完整、合理、有序。

(一) 挑战性问题设计

1. 驱动性问题:作为设计师,你要如何设计有创意、美观、实用的北蔡中学文创用品,让我们学校被更多人知道和了解?

2. 本质问题:如何运用不同的造型表现方法、造型元素和形式原理,描绘事物,表达情感和思想?

(二) 项目目标

1. 知识与能力

通过对现有其他学校的文创产品进行探究分析,了解校园文创产品的意义,归纳总结校园文创产品的造型元素、特点与表现方法。

通过合作探究,运用思维导图形式对校园文化进行整理、归纳。

通过对于校园文化元素的提取,根据造型表现方法,小组头脑风暴进行文创产品设计,提高学生操作、表达、创见等能力。

通过作品互评,学会从设计创意、构图、色彩、功能等方面进行作品评价。

2. 学习素养

创造性实践:设计承载校园文化且美观实用的校园文创产品。

探究性实践:查询资料,研究校园文创的意义、表现方式。

社会性实践:学生分享介绍自己设计的校园文创产品,评价、完善设计方案。

审美性实践:设计具有美观性的校园文创产品。

3. 高阶认知

问题解决:解决"如何设计文创产品"的现实问题。

决策:对校园文化元素的提取和选择进行判断。

创见:设计实用、美观、承载校园文化的校园文创产品。

系统分析:对现有文创产品进行分析。

调研:调查整理学校文化。

四、项目实施

(一) 设置情境,提出驱动性问题

课程开始,通过将各位学生化身成为"校园文创设计师"引入情境,提出驱动性问题:作为设计师,你要如何设计有创意、美观、实用的北蔡中学文创用品,让我们学校被更多人知道和了解? 同学先独立思考,然后各个小组(按照座位)开始头脑风暴,思考驱动性问题,并进行讨论和筛选,最终确定了本次项目的分解驱动问题:现有校园文创产品是如何设计的? 我们学校有哪些文化? 如何运用我们学校文化来进行文创产品设计?

真实的情境设置和新颖的展示方式激发了孩子们参与项目的热情。他们在活动中思维活跃、兴趣浓厚,有极强的内驱力。

（二）小组分工，制订计划

项目化学习中，孩子们需要解决真实世界中的真实问题，生产出用于解决问题的真实产品。每一位小组成员需要在小组中扮演不同的角色，承担各自的责任，展现出学生不同的能力、兴趣和特质。因此学生在明确角色职责后根据特点及需要确定小组成员角色。小组形成后，为了提高小组成员之间的凝聚力，各小组进行了团建活动，并为小组取名。孩子们列出了人员分工安排表及各项任务完成的时间点，绘制了设计文创用品项目计划方案。（图1）

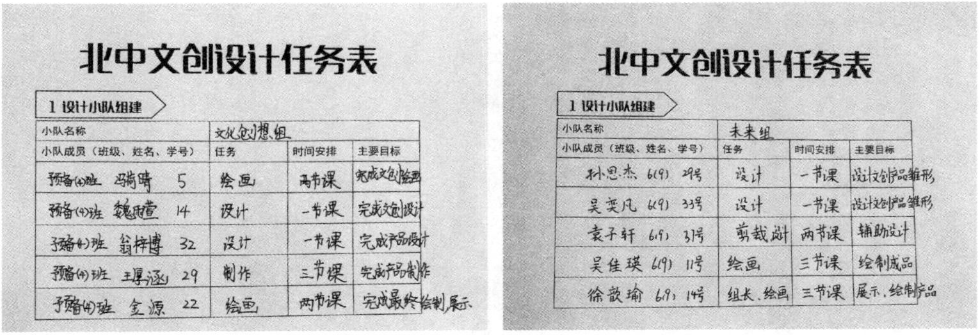

图1 部分小组分工表及计划表展示

（三）围绕问题，进行探究

1. 引导学生探究，了解文创产品创意方法

分解驱动问题一：现有校园文创产品是如何设计的？学生虽然对文创设计十分感兴趣，但对于文创的概念了解较浅，部分学生只是通过自己去过的旅游景点购买的文创产品对文创有个模糊的认知。因此，课程开始，我先通过连线游戏引导学生可采取连线的方式把自己所认为的是相对应关系的文创产品和学校及学校文化进行连接，引导学生对文物与文创之间的关联性进行探讨。再带来了校园文创实物与学生之间进行讨论交流，讲解文创设计的概念、作用、意义。最后向学生发布任务，通过网络搜集现有校园文创产品的相关知识与资料，尝试对校园文创的种类进行归纳整理，并请学生选择最感兴趣的一个文创产品，进一步思考这个文创产品的由来，它的造型元素、造型特点是什么，以及它是怎样从文化向文创进行转化的，制作成PPT并汇报。

从学生的汇报中能够发现学生的思考，学生能够发现在文创产品的造型、颜色等方面是来自校园建筑、校徽、校训等元素。文创产品的种类也非常丰富，大多是日常可以使用的,比如本子、杯子、文具等,还有些是具有纪念意义的,如徽章、明信片等。

最终,将学生汇报的内容进行梳理,对子问题一进行归纳整理。

2. 调查归纳校园文化,形成思维导图

分解驱动问题二:我们学校有哪些文化? 学生开始时对于哪些属于文化范畴并不明晰,并不确定哪些属于校园文化。于是,我们引导学生调查,并可通过采访老师等方式,来一步步扩充对于学校文化的理解。学生从开始的毫无头绪,到能简单写出建筑、课程等,再到能够分类汇总为物质文化、精神文化、制度文化三个大类,并完成校园文化思维导图(图2)。

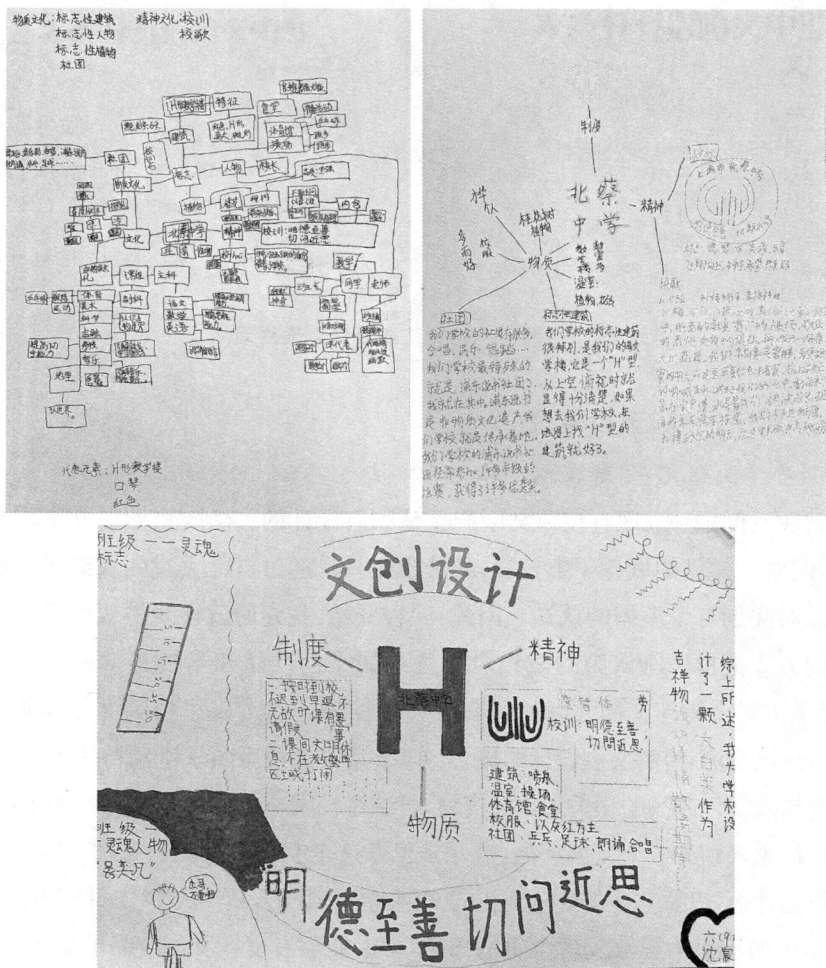

图2 部分学生校园文化梳理思维导图

3. 提取文化元素,设计文创产品

通过前期对文创设计方法的掌握,以及对校园文化进行梳理,学生已经选定了要运用的校园文化进行初步方案的构思。校园文创设计的难点在于怎样将校园自身所具有的文化元素移植应用到合适的产品上。初中生由于抽象思维能力、造型表达能力还有待发展,不能够很好地将文化中具有识别性的元素进行抽离。因此,怎样将校园文化中的元素进行提炼和重构是学生需要重点掌握的内容。在小组构思后,每一组自主选择一名同学对本组初步构思的设计方案进行分享,集体进行讨论交流。通过这样的方式,培养学生善于思考的能力,也加强学生的合作交流能力。

各组依次交流设计方案后,学生自由发表看法,对各组分享的方案提出建议。再由教师与学生一同对每组的设计方案进行评价,各小组根据建议对方案进行细化,完成定稿,并根据之前小组计划安排将产品制作出来。

(四) 小组展示,交流汇报

各小组在项目化单元课程前期通过对子问题的解决,设计了兼具实用性、美观性、创意性的学校文创用品(图 3),在最终汇报时,小组成员通力合作,进行展示。

图 3 部分校园文创产品成果

五、项目成效

"北蔡中学文创设计"项目促使学生找到最适合激发自己创造力的关键节点。在学习过程中,驱动性的问题带来具体的真实情境任务,让学生经历"发现问题—分析问题—尝试解决—反思改进—解决问题"的螺旋上升过程,通过艺术学习,掌握相关艺术语言,促进学生对核心知识的深度理解和迁移,提高艺术感知力、表现力与创造力,认识到艺术与生活的联系,创作出各具特色的北中文创产品。本次项目式学习课程让同学们在做中学,体验了一种全新的学习模式,更深入地了解自己的校园,为宣传校园制作文创产品。围绕着驱动性问题,自己主动学习去建构知识,团队协作进行资料收集、设计创作,把学到的知识直接用起来,更能加深印象,内化于心。在该项目进行时,学生不仅仅是更深入地了解了学校,为学校设计了文创产品,更是在完成项目的过程中提高了自身的核心素养,包括团队协作能力、沟通表达能力、解决问题能力和批判性思维能力,这些才是一辈子有用的本领和品质。

六、项目反思

每个孩子都是心智自由的学习者。在项目化学习活动中,首要目的不是传授知识、技能,而是唤醒孩子自身的力量,培养孩子的综合素养,帮助他们在变幻的未来做出有意义的选择。

本项目以核心问题为主线,教师为主导,引导学生在北中文创设计项目过程中合理发现、分析问题,通过团队协作来查阅资料、建立可行的设计方案,最后动手实践将北中文创产品设计方案可视化,制作出一系列有创意、美观、实用的北中文创产品,学会用设计的方法来解决实际问题,提升学生问题解决能力、合作能力、创新能力、动手能力等核心素养,同时在项目中使学生感受到设计乐趣,是符合培养面向未来的学生的教育理念的。

但学生素养培养是一个长期的过程,教师需在今后不断对项目进行迭代,丰富项目中的社会实践、探索与时代相关的项目内容,扩大学生的学习经验,进一步完善项目化学习中的学习支架与教学评价,帮助学生在生动有趣的项目过程中持续探索、收获知识、提升素养。

"小小理财家"项目化学习案例

张诗逸

一、项目类型

跨学科项目。

二、项目覆盖学科

数学、语文、信息科技。

三、项目简述

本项目的核心问题是"如何收集、处理、分析数据进行有效投资",将压岁钱理财作为切入点,引导学生通过多种途径查找相关资料,设计独一无二的理财产品,并以理财经理的身份向客户推荐产品。项目以六年级下册"利率问题"作为奠基石,进一步巩固拓展金融知识,培养科学理财意识与表达沟通能力。同时学生在策划过程中,掌握基本的统计量及相关运算应用,学习表示一组数据平均水平、波动程度以及分布的量,利用图表对数据进行说明,从不同角度来整理分析数据,揭示同一事物的不同侧面,加深对"统计初步"这一单元的认识,感受统计的意义与乐趣。

四、入项探索

(一)发布驱动性问题

压岁钱作为一笔闲置资金,如何能够有效地利用这笔资金?有哪些金融产品可以为我们所用?能否设计属于自己的理财产品让这笔资金升值?

(二)拆解任务

设计理财产品这个任务看上去非常复杂,实际上把任务拆解成一个个模块问题就迎刃而解。引导学生经历"什么是理财产品—理财产品常见构成—金融产品不同特征—哪些数据能有效表现产品特征—怎么收集产品数据"的思考路径,将空洞虚无的任务化为可操作的模块。

(三) 提供材料提示

借助市场中真实存在的金融产品进行说明,并引出统计学中基本概念,为后续收集数据做准备。

五、知识能力的建构

(一) 确定任务

统计金融产品时,哪些数据值得收集,如何处理这些数据。邀请金融专业人员进行金融产品的微讲座,阐述"银行储蓄、债券、股票"等产品的特征,以及"收益率、风险"等数据的作用,为学生提供探究方向和思路。

(二) 查找资料,收集数据

利用网络资源查找产品相关数据,抑或是到银行等金融机构进行实地考察,体验数据收集的方法和技巧。

(三) 处理数据,分析产品

利用 Excel 等软件对收集到的数据进行处理,初步利用平均数、方差、频数等基本统计量对产品类型进行分析,进一步探讨是否有其他统计量能更好地展现产品特征。

(四) 设计产品,制作图表

将自己设计的产品特征用统计图表的方式展示出来,思考如何巧妙利用图表清晰简明地展示自己的产品优势与特点。

六、合作探究

(一) 同组展示

同组间交流第一阶段设计成果,探讨数据收集的方法、统计量的选择、图表的展示等。

(二) 整合产品

每个组员设计的产品与分析数据方法是有差异的,不同的投资组合对应了风险承受能力迥异的客户,将这些产品进行整合及修改,各个小组成为投资部门,拟合不同客户需求,完成第二阶段设计成果。

七、形成与修改成果

(一)形成产品,中期汇报

各小组利用统计图表、PPT 等形式进行"投资路演",交流各组设计的产品,展示阶段性结果。

(二)修改成果

学生与老师针对汇报内容提供修改建议,并邀请学科专家与金融专业人士给予修改指导,进一步完善作品。

八、出项

根据修改意见对产品以及路演方式进行调整,在学校范围内开展一次投资大赛,在全校师生面前展示设计产品,评比"金牌投资人"。

九、反思

(一)项目亮点

1. 知识生活化:统计初步这一章的知识点较为空洞,且书上所举例子与生活相关性不大,学生较难产生共鸣从而体会到统计的意义。通过实际生活中投资这一体验,在自主探究中学习统计相关知识,激发学生学习数学等学科的兴趣。

2. 融合金融知识:我校"至善"教育中就有涉及金融方面的课程,这一项目与其相辅相成,让学生将理论知识付诸实践,培养学生科学理财的意识,提升学生对金融专业的兴趣,为今后专业发展打下良好基础。

3. 多学科综合思维:项目中不仅涉及数学相关知识点,还涵盖了语文、信息科技等学科的核心素养。如"实地搜集数据、向客户介绍产品"时,考验了学生沟通技巧与谈话的有效性;"展示产品、投资路演"时,需要学生利用信息技术将产品优势精练地展示出来。

(二)改进之处

第一,根据项目化学习主题来看,项目化学习比较强调设计问题时的真实情境,要让学生有动力和兴趣对问题进行探索。我设计的"金牌投资人"这一方案中,虽然以压岁钱为载体,但是这一情境与驱动性问题之间存在一定差异。同时,由于学生的生活经验和金融知识的复杂性,设计的问题难以在学生中产生共鸣,激发他们的研究兴趣。因此,在核心知识点未变的基础上,我准备将驱动性问题的主题改为"学校图书馆书目采购",更符合学生的认知水平以及更贴近学生的校园生活。

　　第二,原来的设计中"统计学"相关核心知识点没有很好地发挥作用,形式上只是调查、访谈的整合堆砌,难以与数学这门具体学科结合。为了强化学术性探索的设计,引发高质量的学科内思考,我将本质问题修改为:"如何利用统计分析解决问题? 如何利用数据运算证明观点?"引导学生将"学校图书馆书目采购"这一项目逐步拆解制定子目标,如学生不爱去图书馆原因调查、学校现有书目调查、学生喜爱书目调查、书目单价调查、书目采购设计、罗列采购清单等,这些子目标的解决,都需要依托数学核心概念——数据分析观念与运算能力,体现了数学内容的本质特征及数学思维方式。

　　第三,项目化学习具有公开成果,这是项目学习区分于其他学习模式的最突出特点,多篇文献均强调了成果及评价的重要性。原设计方案中,学生通过 PPT 来说明自己的项目成果,在公开场合向教师、同学以及外部专家阐述自己的成果,然而这样的评价方式较为笼统且存在异议,所以有必要对这方面进行更详细的设计。在成果展示时,罗列出一些指定汇报项目,学生必须介绍自己收集、整理、描述、推断数据四个维度的过程。例如在收集数据方面,为什么选择这个收集方法,收集的样本大小、收集的数据是否具有代表性等。在数据整理方面,按照什么标准进行数据整理,为什么要按这个标准整理、整理过程中无效数据有没有被剔除,为什么会产生无效数据,等等。学生在公开答辩过程中,能够有效地回顾自己数据分析的全过程,这也能使教师更了解学生在项目过程中存在的问题并进行有效评价。

"我眼中的三国"项目化学习案例

徐金佳

一、项目类型

学科项目。

二、项目覆盖学科

语文、美术、历史。

三、项目简述

叶圣陶先生曾经说过:"国文教学的目标,在养成阅读书籍的习惯,培植欣赏文学的能力,训练写作文字的技能。"而整书阅读,更是成为培养学生阅读兴趣、扩大阅读面、增加阅读量的重要方式。

整书阅读,需要以经典作品对学生进行"引路"。伴随着新课程的改革,整书阅读特别是名著阅读,越来越受到重视。但在现实的教学实践中,名著的整书阅读常常因为课时紧张、评价困难等原因无法完成,甚至被忽略。马克·吐温认为,经典就是人人希望读,但人人又都不愿去读的东西。诚然,引导初中学段的学生整书阅读名著并非易事,阅读名著不仅要培养学生阅读的习惯,更要提高学生阅读的质量。

新时代的教育主张在活泼的学习氛围中,结合学生的实际生活,激发学生学习兴趣,提升学生的能力和素养。因此,我以《三国演义》作为整书阅读的目标,在个性、开放、多样化的理念中,让预备学段的学生在问题的驱动下自主探索,提升整书阅读的能力,感悟经典名著的魅力。

《三国演义》作为一部经典的长篇小说,人物众多、情节曲折。想要初中生读懂这部经典著作,教师首先须要激发他们的品读兴趣。同时,本项目会通过创造性阅读,让学生自主探究著作中所体现的文学性、思想性。

此外,学生通过制作"读书卡",能够在自己对著作的理解基础上,与他人分享对著作的独特感受和见解。本项目在注重语文学科知识的同时,也将锻炼和提升学生的合作探究能力、审美创造能力、创新能力、批判性思维,通过本项目不仅让学生养成整书阅读的习惯、拥有独特的阅读感受,还能培养学生的文学素养,提高学生的审美情趣。

(一) 挑战性问题设计

1. 驱动性问题:如何通过制作"读书卡",向同学、朋友推荐《三国演义》这一著作呢?

2. 本质问题:如何了解文学著作中的主要人物、重要情节,并通过重要情节,分析著作中的人物形象,以体验文学著作的艺术魅力与文学思考性呢?

(二) 项目目标

1. 知识与能力

引导学生了解《三国演义》的主要情节,感受名著的艺术魅力;

通过重点故事情节认识主要人物形象,培养学生从自己的角度理解和分析小说人物形象;

尝试创造性阅读,自主设计、制作作品,表达独特感受和不同见解。

2. 学习素养

创造性实践:从感兴趣的人物入手,了解文学著作,根据独特阅读体验制作"读书卡";

探究性实践:交流探究著作中不同人物形象之间的异同;

社会性实践:制作"读书卡",分享并交流自己在阅读过程中的感悟;

审美性实践:设计具有美观性、文学性、思想性的《三国演义》"读书卡"。

3. 高阶认知

问题解决:通过创造性阅读感受名著艺术魅力,交流分享"读书卡"提高整书阅读质量和文学审美情趣;

创见:设计集《三国演义》中最感兴趣的人物、事件,以及评价为一体的"读书卡";

调研:了解《三国演义》历史大背景和历史人物小背景。

四、项目实施

（一）设置情境，并提出驱动性问题

教师向学生介绍三国历史背景后，可以利用多媒体设备展示《三国演义》中主要的人物图片，根据学生对人物的熟悉度，依次讨论并交流：通过图片你所能感受到的人物个性和气概是怎样的？以此来激发学生对于《三国演义》故事内容的兴趣。随后，教师可向学生提出驱动性问题：你要如何把《三国演义》中自己最感兴趣的人物或情节制作成"读书卡"，并向你的同学、朋友推荐阅读这一著作呢？

根据师生互问互答，以及生生交流发现，学生对于三国时期"天下三分"的历史兴趣浓厚，但预备学段的学生对于《三国演义》中蜀汉、曹魏、东吴各国的历史"领军人物"和主要情节了解不够深入。不过，通过制作"读书卡"向他人推荐《三国演义》这一真实情境设置，充分激发了学生对《三国演义》的阅读热情。

（二）自主阅读，完成任务单

分解驱动问题一：自主阅读，我最感兴趣的人物（事件）有哪些？

教师利用部分课时以及学生的课余时间，让学生先进行自主阅读，完成"阅读任务单"。

阅读时间	出场人物	主要事件	我的评价

学生在自主阅读过程中，通过完成"阅读任务单"，可以逐步了解《三国演义》中出现的重点人物和主要的故事情节，并做出具有独特阅读感受的评价。教师可以根据学生对"阅读任务单"的完成情况，跟踪学生的阅读进度。

（三）小组探讨，分享阅读成果

分解驱动问题二：交流探讨，不同人物（事件）之间存在着怎样的关系？

在教师的统筹协调下，学生可以根据自己的阅读成果，组成6～7人的阅读兴

趣小组，并在组内进行探讨交流，主要围绕以下几个问题：

人物	阅读过程中，我知道的人物包括：	
	在这些人物中，我最感兴趣的是：	
	我的理由是：	
情节	在阅读过程中，我知道的主要情节包括：	
	在这些情节中，我印象最深刻的是：	
	我的理由是：	
比较	其他组员最感兴趣的人物或印象最深刻的事件包括：	
	这些人物和事件与我选择的人物或事件联系（关系）是：	

  学生在小组内分析各自所选择的最感兴趣（印象最深刻）的人物（事件）之间的联系，并比较不同人物的形象的异同后，进行组内总结，并派小组代表进行发言，在班级内进行交流。

  在学生的首次交流中能够发现，学生对于《三国演义》中不同人物、不同事件的信息归纳整理能力，要远超于预期，大大颠覆了教师认为预备阶段学生"阅读名著兴趣低""整书阅读没耐心"的刻板印象。

  在各小组交流完毕后，学生通过分别在组内、班内对《三国演义》中庞大人物情节体系的整合归纳，对《三国演义》的重要人物形象、主要情节事件已经有了更为深入的、系统的了解。

（四）结合历史评价，读出独特感悟

分解驱动问题三：我对《三国演义》中人物（事件）的评价是怎样的？

在学生对《三国演义》中的情节人物及其关系有了一定的了解后，教师可以利用多媒体设备，为学生整理对《三国演义》中主要人物的真实的历史评价，并为学生进行解读。然后，教师调动学生的认知经验，鼓励学生结合自己的想法，对其最感兴趣的人物（事件）进行点评，形成其独特的评价和阅读感受，并完成简易读后感的撰写。

历史评价	
我的评价	
我的理由	

（五）小组展示，交流汇报

学生在本次项目化学习中，通过对驱动性问题的子问题的解决，设计了集语文、美术、历史学科知识于一体的"我眼中的三国"读书卡。

在阅读《三国演义》的过程中，学生通过自主阅读、讨论探究的方式，学习了整书阅读和名著欣赏的方法，积累了阅读经验。通过对书中繁杂的人物、情节的提取、交流，梳理出相互之间的关系。最终，结合人物的历史评价以及个人的独特阅读感受，提出具有创见的个人评价。在享受阅读名著的过程中，逐步深入理解作品，从经典著作中汲取营养，丰富自己的文学素养，提高审美情趣，并逐步形成正确的世界观、人生观和价值观。

在上台展示"读书卡"的过程中，学生结合名著内容以及自己独特的感受和评价，向老师同学们介绍他们眼中的《三国演义》，并分享在阅读《三国演义》这样的长篇名著和制作"读书卡"的过程中遇到的困难，以及解决的方法与过程，学生们在这种解决问题的过程中，不断学习，获益匪浅，俨然成为一名小小的名著"推

广者"。

五、项目成效

在"我眼中的三国"项目实施过程中,驱动性的问题带来明确的学习任务,让学生在发现问题、分析问题、解决问题的过程中,通过整书名著阅读,提升学生的阅读能力,引导学生学习阅读整书的方法,使学生通过阅读,领会文学著作中的人物形象和语言表达,获得相应的阅读技巧。此外,还要激发学生的整书阅读兴趣,引导学生养成自主阅读的习惯,保证学生有足够的读书时间,在阅读的过程中善于思考、参与讨论、强化练习,让学生积极主动地阅读作品、阐述自己的独特的感悟,培养学生的交流探究能力,培养学生的文学素养。

在解决驱动性问题的过程中,学生们"在阅读中学习、在交流中思考、在制作中展示",不仅更深入地了解了《三国演义》的人物情节和文学思想性,制作出了"我眼中的三国"读书卡,推广了名著阅读,更是促进了学生对历史、美术等学科中所学习的知识进行迁移。在对自己的阅读能力、写作能力进行锻炼提升的同时,还感悟到了经典著作中的思想性和文学性。

六、教学反思

苏霍姆林斯基曾经说过,要学会找时间,做一个有准备的人。虽然项目化学习的主体是学生,但是,教师在项目化课程实施之前,无论是手中、脑中,还是心中,都应当是"有备而来"的。

在踏进教室之前,就要成为最熟悉整个项目的人。不仅要梳理好项目材料、确定好本次项目化课程的目标,同时也要寻找到教学内容和课堂以外的世界之间的联系。当所学习的课程内容和自己的实际生活有了生动的关联,学生不仅会对知识充满探索的兴趣,还会对自己的生活、对未来有一个更加深入的思考。这就是情感价值的体现,它对于学生的成长有着潜移默化的影响,会让项目化课程的意义在学生的成长生活中变得举足轻重,远远超出了课堂。教师在项目化课程实施过程中,要做好"放手"的准备。项目化学习,不是一个教师的"表演",学生应该才是课堂的"主人"。教师要对学生有一个全新的认识,让他们成为风筝,在知识的天空中飞翔,而教师则是"牵线人"。

当然,教师在项目化课程实施中的"放手",并不是"完全把课堂扔给学生",教师要在实施过程中及时和学生进行沟通,关注学生项目的进度。要让学生敢于在老师的面前分享自己的想法,并对一些有价值的想法给予积极的评价,不仅有助于项目化课程的推进,也有利于学生创造性思维的培养。在项目实施过程中,教师要注意课堂纪律的维护。古人有云:"有威则可畏,有信则乐从,凡遇服者从,必兼备威信。"项目化课程的课堂会比基础课的课堂更加自由、活跃,教师要注意引导维护课堂纪律,这是完成教学目标的前提。一定程度的纪律要求,能够为学生提供良好的学习环境,推动项目的有效进行。

最后,项目化课程要注重过程性评价。教师在引导学生对《三国演义》进行整书阅读的过程中,要全程跟踪、全程"伴读"。学生和学生之间也要组建名著阅读小组,互相提醒、互相督促。过程性评价的主体可以把教师评价和学生互评结合起来,注重学生的参与过程,可以包括阅读时间、阅读方式、分享积极性、成果(读书卡)质量等。

从"老师变主播"到"人人是主播"

——"同学带你读名著"项目落实

朱晨旭

一、项目类型

学科项目。

二、项目覆盖学科

英语、信息科技。

三、项目简述

目前我教授的是 7 年级两个班级的学生,初一(5)班共有 35 名同学,其中女生 16 名,男生 19 名;初一(6)班共有 36 名同学,其中女生 18 名,男生 18 名。两个班级的差距相对较大,整体来说,5 班绝大多数同学的英语基础都不差,且都勇于用英语表达自己的观点,班级优势在于基本没有学困生,大部分同学的学习习惯较好,且想法比较多;6 班则两极分化较大,学困生较多,我个人同时兼任 6 班的班主任,因此学生完成作业的积极性相对更高一些。

根据学生现有的情感认知及英语语言基础,我找了《小王子》的一版英译文作为学习的文本资料,一共 24 个章节(根据章节的长短已重新规划过),语言相对比较简单,但是细读之下能激发学生对当下自己的性格、学习等方面的思考。因此,本次项目的驱动性问题是:如何为你的同学们上好一堂英文阅读课?

项目过程简述如下:

1. 将全英文的学习文本先发给学生,利用钉钉的在线编辑功能,让学生自行分组,为后续的学习做铺垫(基于班级本身情况,个别同学没有找寻搭档,简单沟通后仍坚持自己完成,即尊重其选择)。(分工情况见附件 1)

2. 在线上教学过程中,教师经常以录屏的方式给同学们上课、讲解习题等,学生以这个形式作为参考,以小组为单位,为同学们讲解每个章节的内容,最后以视频形式(控制在 10 分钟以内)进行输出。

3. 在形成视频的过程中,不限制学生的分工合作方式,不限定学生应使用哪些手段(Word 还是 PPT、是否需要视频剪辑等)来达到目的,在学生寻求帮助时(如何录屏等)提供自己的指导与建议。但视频必须包括以下内容。

- main idea of this chapter 章节的主要内容
- analysis of necessary vocabulary 必要词汇的讲解
- translation of certain long and difficult sentences 长难句的翻译解释
- moral messages conveyed by this chapter (in your eye) or your understanding of its deeper meaning 这个章节所传达的道德启示

4. 初一英语的课程安排是一周 4 节课,负责每个章节的小组在课前将视频发给教师,课堂上教师直接播放,播放完成后,教师进行简单评价,并邀请同学们谈谈他们对章节内容的理解及对同学制作的讲解视频的看法。

四、项目背景

自 2022 年 3 月 12 日起,因新冠肺炎疫情,上海市中小学学生全面进入了线上教学阶段。在这个背景下,上海教师们再一次成了一个个"主播",但是底下的听众似乎也陷入了低效率的迷茫之中,如何有效地落实线上教学成了摆在教师面前的首要问题。

在一周的网课节奏适应期后,一系列问题接二连三地暴露出来。部分同学因自制力不佳而沉迷网络无法自拔,在线课堂对他们来说只须"挂机"打卡;线上学习时不方便互动,老师提出的绝大部分问题都变成了"设问句",学生只需在屏幕后方安静等待结论即可,慢慢丧失了主动思考的能力,等等。在这样的背景下,我想出了一系列兵来将挡、水来土掩的小策略,包括要求学生每日上传课堂笔记、默写需家长到场并签名等。在这样和学生斗智斗勇的过程中,我也渐渐意识到这是远远不够且完全治标不治本的,渐渐萌生出设计一个为期一至两个月的长期项目,让学生自行探索学习,形成项目成果。

五、项目动机及目的

(一) 角色转变带来的"主动性"

一部分学生人在电脑前,但是直播课被窗口最小化在角落,他们有着对时间的绝对规划权,有那么多比听课更有趣的事情在干扰,学习效率自然就低了。同时,缺乏思考的被动学习很容易让同学们生出疲倦感,且由于英语学科的特性,学生更容易产生厌倦心理,由此我萌生出让学生从电脑屏幕后走到台前的想法。受费曼学习法[①]的启发,借助这个网络平台,让学生也变成"主播",在项目驱动下,主动去学习。

学生获得学习材料后,首先要自学,边学边记笔记,多角度理解内容,将知识内化,然后再去跟同学们讲你学到了什么。在这个过程中,假装自己是老师,想象自己在教给别人,用自己的话总结所学的知识点,思考如何把这个复杂的概念教给同学们,比如把新知识和现实生活联系起来,等等,并强迫自己在更深的层次上理解这个概念。这个过程从本质上帮助学生实现了主动学习的闭环。

(二)用好互联网这把双刃剑

网络是把双刃剑这个事实是毋庸置疑的,但是自从线上教学以来,我们就过分关注线上教学所带来的负面影响。从本质上来说,有问题的不是网络,而是学生的"自制力",网络只是打开潘多拉魔盒的那只手,诱发释放了学生"知难而退"的心理。对于一些积极主动、努力向上的学生来说,他能取互联网中的精华,为己所用;可以通过网络上的各种学习资源,丰富知识面,提升自我各个方面的能力,快速获取信息,开阔自己的视野。

(三)展现学生个性,增强学生自信

这样的项目给了学生一个走到台前展现自我的机会,学生的综合能力得到锻炼,个性与创新精神得到培养。一千个读者心中有一千个哈姆雷特,通过与同学们交流自己的理解与想法,使学生的思维流畅性、灵活性、独创性得到发展,最大限度地开发学生的创造潜能。

(四)"授人以鱼"不如"授人以渔"

相比线下课堂教学,线上教学的过程是与各类电子产品紧密关联的,同时,课程的安排让学生有更多的时间进行简单休憩,以便更高效投入学习。因此,对于一

---

① 费曼学习法是诺贝尔物理学奖获得者理查德·费曼创造的一种学习方法。简单说就是"以教促学",输出是最好的输入,根据学习金字塔原理,把知识教给他人,学习留存率可以达到90%。使用费曼学习法一共有四步:概念(Concept)、教授他人(Teach)、回顾(Review)、简化(Simplify)。

些学习比较高效的学生来说,他们有了更多可以自由支配电子产品的时间,针对这部分时间的利用,靠教师或家长口头的"不要老是玩手机""你多多看书"这类宽泛的要求来督促学生基本是没用的。

通过这个项目,学生对于自己一个人或在团队中如何进行有效、高效的学习有了更好的理解,不会只一味地等待老师布置任务,而是能拥有属于自己的努力方向。

(五)仰望星空,着眼于课本之外

近几年来,英语在九年制义务教育中的比重在慢慢降低,这是无可厚非的,但这并不意味着英语不重要了,而是对于大众来说,语言说到底是一种工具,是用来让你更便利地了解全球文化、资讯的钥匙。我希望学生在同辈们的支持鼓励与陪伴下,在这个线上教学期间共同读完一本英文原版名著,击破他们看到"英文原版"这几个字带来的恐惧感,为他们树立起信心,让他们看向课本之外的广阔天地,抬起头来,仰望星空,去了解语言学习的真正目的。

六、项目过程

从第一章节开始,学生们基本都渐入佳境,互相之间的分工五花八门。有的按照文本整理+讲解这两个维度来,对于一些对话较多的文本,甚至能通过连线或剪辑的方式互相配合演绎出来等。总的来说,因为这是一次在两个班级前的亮相机会,且形式很有趣,大家都非常重视,认真地在准备。

整体来说,整个准备过程主要有两部分:提前准备及讲解录制,在给出学习资料后我便不再过多干涉,但是学生需要在轮到自己小组的前一周将前期准备的资料汇总给我,我会进行简单校对与检查,并解答他们遇到的一些问题。

以 Chapter 14 为例:

学生汇总上传:

Chapter 14	姓名:张舒、陈子安、张天恩
Main idea of this chapter	This chapter, there was a street lamp and a lamplighter. The lamplighter needed to put on and put out the lamp every day although there was no other person on the planet. When the planets rotated more quickly, he had to put on and put out the lamp every minute. He felt troubled.

Moral messages conveyed by this chapter	Chapter 14 tells us we can't blindly follow the outdated orders, we should try to change the current situation. We can look around and find something new, not mechanical work.
Analysis of necessary vocabulary and translation of certain long and difficult sentences： （完整版本见附件 2）	

教师修改后：

Chapter 14	姓名：<u>张舒、陈子安、张天恩</u>
Main idea of this chapter	~~This chapter,~~ There was a street lamp and a lamplighter on the fifth planet. At first, the lamplighter followed the order to turn on and off the lamp every day on time although there were no other people on the planet. But as the planet rotated more quickly, he had to do the routine work every minute without having a rest, which bothered him a lot. （在概括章节主要内容时，跟学生强调"who，when，where，what，how"几个要素及时态在记叙事件时的重要性；概括主要内容时需要简洁明了，尽量使用复合句扩充句子内容。）
Moral messages conveyed by this chapter	1. This Chapter tells us we can't blindly follow the outdated orders. Instead, we should try to change the current situation. ~~We can look around and find something new, not mechanical work.~~ We need to change ourselves when things are different. 2. On the other hand, it is difficult but always necessary to be faithful and true. The lamplighter didn't give up his work though he was tired. （Teacher needs to tell students the importance of ~~critical~~ thinking.）
Analysis of necessary vocabulary and translation of certain long and difficult sentences： （仅简单修改，具体见附件 2。）	

前期进行充分准备之后，视频的录制则需要一定的技巧和耐心，所幸，他们非常积极主动地一次次精心录制，达到了很好的效果。

七、项目反思

总体来说，学生最后展现出的成果让我非常惊喜。

他们认真选取合适的软件来做笔记，绞尽脑汁让同学们的观看体验能更好一些，例如附录里的前半段笔记，利用添加注释的方式，让整个排版简洁明了,且同学能更多关注英文原文,而非其中文翻译。同时,学生们也会反复录制以求发音准确、口齿清晰、不疾不徐、笃定自信又饱含情感,以达到最好的效果。

但是因为教师前期准备的时间较短,整个项目显得有些头重脚轻,在同学之间简单交流过后,这个项目好像已经结束了。经反思后觉得可以做出以下调整:

1. Piggy bank(词汇、句型整理表)

Chapter_____			Name:_____
Piggy bank			
Key words/phrases	Pronunciation	Speech/Chinese meaning	Example:
1.			
2.			
3.			
4.			
...			
Brilliant sentences		Chinese meanings	
1.			
2.			
...			

在听同学讲解时,其他学生可以简单做阅读笔记(包括生词及好词好句等),便于后续复习。

2. Checklist(自查/他查清单)

这也可以称作课前及课后评价表,顾名思义,设计一个检查清单,便于同学们在准备过程中看自己是否已经达到要求;同时发放给班级同学,让其在听的过程中评价班级同学的成果作品,以便达到互相提高的目的。

Checklist				
Chapter _____	Group members: _____	Name: _____	For myself:	For my classmates:
1. Do you/they look fully prepared?			☆☆☆☆☆	☆☆☆☆☆
2. Do you/they pronounce correctly?			☆☆☆☆☆	☆☆☆☆☆
3. Do you/they speak English fluently?			☆☆☆☆☆	☆☆☆☆☆
4. Do you/they analyze the necessary new words/phrases/sentences patterns clearly?			☆☆☆☆☆	☆☆☆☆☆
5. Do you/they translate the difficult sentences?			☆☆☆☆☆	☆☆☆☆☆
6. Do you/they talk about their own understanding of this chapter?			☆☆☆☆☆	☆☆☆☆☆
7. Do you/they shoot the video clearly enough?			☆☆☆☆☆	☆☆☆☆☆
The most wonderful point in your eye:				
Things need to be improved:				
				Total score: ☆☆☆☆☆

在项目初期,教师要重视学习方法及能力的培养,注重学生思维习惯的养成,甚至可以先直接建议几种行之有效的方法来帮助学生直面项目;在项目进行过程中,教师在学生遇到困难时及时地帮助、指导,也可以让学生在实践的过程中自己调整学习项目,使学生有获得成功的感受,使其学习兴趣得以持续与升华,通过教师的引导充分发挥学生的主体作用;在项目后期,教师也需要对学生的成果表示肯定,同时帮助学生共同反思、提高。我相信,在这个项目中,学生从听众变成了"主播",在完成任务的过程中主动求索,锻炼提高了其解决问题的能力。

附件 1:分工情况

The Little Prince			
please write down your name after the chapter [at most 4 students per chapter]			
chapter 1	张雨轩	金圣钧	
chapter 2	龚轩宇		

chapter 3	柏梦洋	顾芯菲	蒋顾婷	
chapter 4	李雨欢	凤馨妍		
chapter 5	杨子葭	蔡承宏		
chapter 6	李　辰	何诗玥	姜睿怡	
chapter 7	申　轩	刘桓松		
chapter 8	杨琬歆	钱立飏	徐丹妮	
chapter 9	王依冉	齐玮宁	蒋欣悦	
chapter 10	童俊宇			
chapter 11	黄煜安	刘俊宇		
chapter 12	田艺轩	赵永恩	张偲秦	
chapter 13	严佳瑜			
chapter 14	张天恩	陈子安	张　舒	
chapter 15	单欣妍	张叶莹	吴若水	
chapter 16	施莞宁	张欣怡		
chapter 17	李欣妍			
chapter 18	陈芷凌	沈诗薇		
chapter 19	叶家鑫	黄瑷瑷		
chapter 20	刘昊昊	秦之涵	张天驭	
chapter 21	樊家鑫	孟浩宇		
chapter 22	樊俊阳	杨子起		
chapter 23	顾鑫宇	任晟昊	黄乐天	叶子泰
chapter 24	董荣卓	李昊宸		

附件2：学生文稿及教师修改后文稿

Chapter 14（两位同学共同整理而成）

The fifth planet was very strange. It was the smallest of all（在所有……当

中). There was just enough room on it for a street lamp and a lamplighter. The little prince was not able to reach any explanation(做解释) of the use of a street lamp and a lamplighter, somewhere in the heavens, on a planet which had no people, and not one house.

But he said to himself, nevertheless(*adv.*不过;尽管如此), "It may well be that this man is absurd(*adj.*愚蠢的;荒诞的). But he is not so absurd as the king, the conceited(*adj.*自负的) man, the businessman, and the tippler(酒鬼). For at least his work has some meaning. When he lights his street lamp, it is as if(好像)he brought one more star to life, or one flower. When he puts out his lamp, he sends the flower, or the star, to sleep. That is a beautiful occupation(职业). And since(自从;因此) it is beautiful, it is truly useful."

When he arrived on the planet he respectfully(*adv.*尊敬地) saluted (向……打招呼)the lamplighter.

"Good morning. Why have you just put out your lamp?"

"Those are the orders(*n.*规则;规定)." replied the lamplighter.

"Good morning."

"What are the orders?"

"The orders are that I put out my lamp. Good evening."

And he lighted his lamp again.

"But why have you just lighted it again?"

"Those are the orders." replied the lamplighter.

"I do not understand." said the little prince.

"There is nothing to understand," said the lamplighter. "Orders are orders. Good morning."

And he put out his lamp. Then he mopped(*v.*mop-mopped-mopped 擦) his forehead (前额;额头)with a handkerchief(*n.*手帕) decorated with red squares.

"I follow(从事……职业) a terrible profession(职业). In the old days it was reasonable(*adj.*合理的). I put the lamp out in the morning, and in the evening I lighted it again. I had the rest of the day for relaxation(*n.*休息;放松)and the rest of the night for sleep."

"And the orders have been changed since that time?"

"The orders have not been changed," said the lamplighter, "That is the tragedy(n.悲剧)! From year to year the planet has turned more rapidly(adv.快速地;迅速地) and the orders have not been changed!"

"Then what?" asked the little prince.

"Then the planet now makes a complete turn every minute, and I no longer (=not...any longer 不再)have a single second(一秒钟) for repose(n.休息). Once every minute I have to light my lamp and put it out!"

"That is very funny! A day lasts only one minute here, where you live!"

"It is not funny at all(一点也不)!" said the lamplighter, "While(conj. 在……的时候) we have been talking together a month has gone by."

"A month?"

"一个月?"

"Yes, a month. Thirty minutes. Thirty days. Good evening."

"是的,一个月。三十分钟。三十天。晚上好。"

And he lighted his lamp again.

他又点燃了他的灯。

As the little prince watched him, he felt that he loved this lamp lighter who was so faithful(adj.忠实的;忠诚的) to his orders(v.命令).

当小王子看着他时,他觉得他爱这个对他的命令如此忠诚的点灯人。

He remembered the sunsets which he himself had gone to seek(v.寻找;寻求), in other days, merely(adv.仅仅;只不过) by pulling up his chair; and he wanted to help his friend.

他想起了他自己过去几天只靠拉起椅子就去寻找日落的情景;他想帮助他的朋友。

"You know," he said, "I can tell you a way. You can rest whenever you want to..."

"你知道,"他说,"我可以告诉你一个方法。你可以随时休息……"

"I always want to rest." said the lamplighter.

"我总是想休息。"点灯人说。

For it is possible for a man to be faithful and lazy at the same time.

因为一个人可能既忠诚又懒惰。

The little prince went on with his explanation(*n.*解释；说明；阐述)："Your planet is so small that three strides(*v.*大步走；阔步行走) will take you all the way around it. To be always in the sunshine, you need only walk along rather slowly. When you want to rest, you will walk—and the day will last as long as(*conj.*只要) you like."

小王子继续解释道："你的星球太小了，三步就可以绕着它转。要一直沐浴在阳光下，你只需要走得很慢。当你想休息的时候，你就可以走——一天可以走多久就走多久。"

"That doesn't do me much good," said the lamplighter. "The one thing I love in life is to sleep."

"这对我没什么好处，"点灯人说，"我生命中唯一喜欢的就是睡觉。"

"Then you're unlucky." said the little prince.

"I am unlucky," said the lamplighter, "Good morning."

"那你就倒霉了。"小王子说。"我真倒霉，"点灯人说，"早上好。"

And he put out(熄灭) his lamp.

他熄灭了灯。

"That man," said the little prince to himself, as he continued(*adj.*继续不变的) farther on(再往前) his journey, "that man would be scorned(*v.*轻蔑；鄙视) by all the others：by the king, by the conceited man, by the tippler, by the businessman. Nevertheless(*adv.*然而；不过；尽管如此) he is the only one of them all who does not seem to me ridiculous(*adj.*荒唐的；荒谬的；愚蠢的). Perhaps that is because he is thinking of something else besides himself."

"那个人，"小王子一边继续往前走，一边自言自语地说，"其他人都会嘲笑他：国王、自负的人、酒鬼、商人。不过，在我看来，他是唯一不可笑的人。也许这是因为他在想自己以外的事。"

He breathed(*v.*呼吸；呼出) a sigh of regret(*n.*后悔；遗憾), and said to himself, again："That man is the only one of them all whom I could have made my friend. But his planet is indeed(*adv.*的确；强调肯定的陈述或答复) too small. There is no room on it for two people…"

他遗憾地叹了口气，又对自己说："那个人是我唯一能交到朋友的人。但他的星球实在太小了。上面没有两个人的空间……"

What the little prince did not dare(*vt.*敢；胆敢) confess(*v.*承认) was that he was sorry most of all to leave this planet，because it was blest(*adj.*神圣的，成功的，幸福的) every day with 1440 sunsets!

小王子不敢承认的是，他最遗憾的是离开了这个星球，因为它每天都有 1440 次日落！

D

制 度 建 设

以物理学科为触发点的项目化学习探索研究

——上海市北蔡中学项目化学习三年行动计划方案

一、工作基础

2016年9月发布的《中国学生发展核心素养》，以科学性、时代性和民族性为基本原则，以培养"全面发展的人"为核心，将中国学生发展核心素养分为文化基础、自主发展、社会参与三个方面六大素养。一方面通过分科教学来进行学科核心素养的培养，另一方面通过跨学科学习来进行核心素养的培养。

2019年6月颁布的《中共中央国务院关于深化教育教学改革全面提高义务教育质量的意见》指出，要切实提高教学质量，特别强调要优化教学方式，积极探索基于学科的综合化教学，积极开展研究型、项目化、合作式学习。项目化学习赫然出现在高规格的教育文件中，足见顶层设计层面对它的重视。

新时期基础教育课程改革经历了"由知识立意到能力立意，再到素养立意"的发展过程，教学也经历了由注重"落实双基"（基础知识、基本技能）到注重"三维目标"（知识与技能、过程与方法、情感态度与价值观）再到注重"核心素养"的三个阶段。

2018年3月，上海市教委公布《上海市进一步推进高中阶段学校考试招生制度改革实施意见》，指出中考改革力求促进学生全面发展，注重能力导向，提高学生解决实际问题的能力和创新素养。评价方式的变革促使教育者开始重视学习方式和育人模式的变革，项目化学习因其在跨学科学习方面有突出的优势，因此也成为培养核心素养的一种自然选择。

而物理学科的核心素养是指学生在接受物理教育过程中逐步形成适应个人终身发展和社会发展需要的必备品格与关键能力，是学生通过物理学习内化的带有物理学科性质的品质。

从2014年开始，我们学校的物理、化学两个教研组，就曾以编写《生活中的物理》《生活中的化学》为抓手，开展引进"生活"，提升"国家课程校本化有效实施"的尝试。探索"面向生活构建并完善微观课程结构"的实践，积累了普通初级中学依据学校所处地区、学生的实际需要进行学校课程建设的经验，强化了以"课程化"为路径，关注学生个体发展差异，关注学生创新意识和实践能力培养的意识。

二、工作目标

形成基于单元主题的项目化学习方案和案例群；形成学生项目化学习成果集；培养一支项目化学习指导教师队伍；丰富学校物理学科建设资源；激发学生学习物理的兴趣，培养学生动手实验的能力和创新精神，提升学生的核心素养。

三、路径与举措

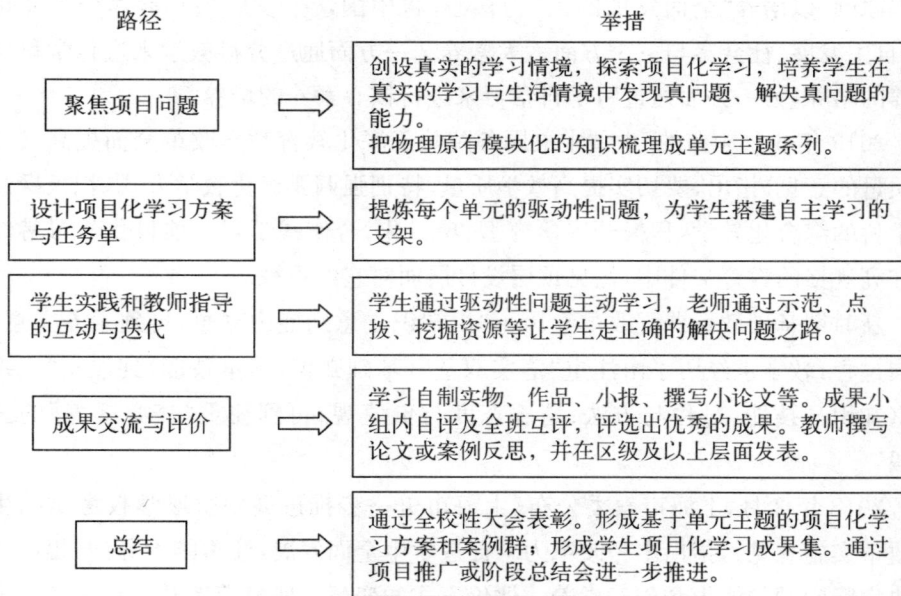

路径	举措
聚焦项目问题	创设真实的学习情境，探索项目化学习，培养学生在真实的学习与生活情境中发现真问题、解决真问题的能力。把物理原有模块化的知识梳理成单元主题系列。
设计项目化学习方案与任务单	提炼每个单元的驱动性问题，为学生搭建自主学习的支架。
学生实践和教师指导的互动与迭代	学生通过驱动性问题主动学习，老师通过示范、点拨、挖掘资源等让学生走正确的解决问题之路。
成果交流与评价	学习自制实物、作品、小报、撰写小论文等。成果小组内自评及全班互评，评选出优秀的成果。教师撰写论文或案例反思，并在区级及以上层面发表。
总结	通过全校性大会表彰。形成基于单元主题的项目化学习方案和案例群；形成学生项目化学习成果集。通过项目推广或阶段总结会进一步推进。

四、进度安排

1. 准备与基础研究阶段（2020 年 10 月—2020 年 12 月）

提出课题，建立课题组；设计研究方案，制订研究计划；开展情报资料研究；邀请有关专家学者对课题进行论证，进一步修正、补充、完善。物理教研组根据项目化学习活动的研究现状，从中归纳总结出基本特点和存在问题。

2. 理论与实践研究阶段(2020 年 12 月—2023 年 2 月)

按课题方案进行理论研究:进行有关项目化学习活动理论的学习,开展项目化学习活动设计与实践的理论框架研究;课题研究人员在课题实施过程中捕捉各类有价值的信息,及时记录、存档;邀请专家进行检查、指导,根据课题进展情况相应调整课题研究方案;进行项目化学习活动的设计并进行课堂实践,制定评价观测点,并深入课堂积极实践。研究内容包括:"生活中的声音"探究,"青少年近视成因"探究,"生活中声光结合"探究,等等。

3. 总结阶段(2023 年 2 月—2023 年 6 月)

进行实践操作报告撰写和修改,以及材料的汇总、编辑,案例、个案的撰写,研究资料的整理;在上述文献研究、理论研究与案例研究的基础上,形成以文本为载体,以课堂为途径,以培养学生综合物理学习能力为最终目标的项目化学习活动方案集。研究中注重呈现教师课堂活动,注重呈现学生学习过程。

五、预期成果

时间	目 标	成 果
第一年	单元主题的项目化学习方案和案例群	梳理并撰写声学、光学、热学单元的项目化学习方案和案例群
	学生项目化学习成果集	学生能自制作品,有一定的物理学科素养
	培养一支项目化学习指导教师队伍	物理组内老师尝试开展项目化学习的研究
	丰富学校物理学科建设资源	物理组内开设研究课
第二年	单元主题的项目化学习方案和案例群	梳理并撰写力学和电磁学单元的项目化学习方案和案例群
	学生项目化学习成果集	学生作品形成系列,学生能够进行深度学习
	培养一支项目化学习指导教师队伍	指导其他学科组老师开展项目化学习的研究
	丰富学校物理学科建设资源	形成优质课例
第三年	单元主题的项目化学习方案和案例群	单元主题的项目化学习方案和案例群汇编成册
	学生项目化学习成果集	学生作品成册,有一定的创新能力

续　表

时间	目　标	成　果
第三年	培养一支项目化学习指导教师队伍	辐射到区级层面开展项目化学习的研究,并开设研究课
	丰富学校物理学科建设资源	形成可推广的半成品资源,向化学、生命科学等学科衍生

六、保障条件

本项目由史炯华校长牵头,成立项目组管理人员、项目组专家成员团队。项目组管理人员由学校学科骨干教师等人员组成,项目组专家成员团队聘请市、区有关专家组成。这样的管理团队,能够保证我校项目的有效实施。

学校经过前期三轮六年的学校微观课程的实践研究,积累了较为丰富的经验,学校制订了《上海市北蔡中学学校课程建设管理方案(初稿)》等制度文本,对项目的工作流程、实施、考核有了具体的规定,同时也将相关人员的工作纳入学校绩效考核奖励范畴。

学校每年在办公经费中划拨一部分用于项目实施,确保项目经费的有效使用。

保障:

1. 组织保障。本项目由史炯华校长牵头,成立项目领导小组与工作小组。

领导小组:

组长:史炯华　副组长:戴华平　李祎祎

组员:文剑峰　康　樱　蔡莉琴　奚文华　钱　杰　康海宏　秦爱东
　　　王　炜　康伟

工作小组:

组长:戴华平　副组长:康　伟　文剑峰

组员:顾丽琴　何桂黎　蒋偲佳

2. 经费保障。学校每年在办公经费中划拨一部分用于项目实施,主要用于项目化教室与实验展示区的建设,确保项目经费的有效使用。

3. 绩效保障。将相关人员的工作纳入学校绩效考核奖励范畴。每学期末经项目领导小组的考核,给予一定的绩效奖励。

上海市北蔡中学实施项目化学习三年
行动计划管理方案(试行稿)

　　2020 年 11 月,上海市北蔡中学被确定为"上海市义务教育项目化学习三年行动计划"实验校;2021 年 3 月,学校又被确定为"浦东新区义务教育项目化学习三年行动计划"种子校。学校依照《上海市义务教育项目化学习三年行动计划(2020—2022 年)》文件要求,根据学校的办学优势与学生发展的需求,以创造性问题解决能力为导向,以项目化学习的实践和研究为着力点,以活动项目、学科项目、跨学科项目为载体,积极部署推进学校项目化学习三年行动计划的实施。为了促进学校教与学方式变革,进一步激发学校办学活力,有效管理和评价项目化学习的实施,促进师生共同成长,结合本校实际情况,制订本方案。

一、制订依据

　　1.《上海市义务教育项目化学习三年行动计划(2020—2022 年)》要求:"项目实验校要结合学校实际,选好主攻方向,整合力量,重点突破某一类项目,制订和实施相关实施方案。""市、区要基于项目化学习的基本特点,赋予相关实验校一定的项目化学习课时安排的自主权,为学校匹配具有一定弹性的课时调配空间和更加灵活的课程教学机制。"这是本方案制订的政策依据。

　　2. 北蔡中学"明德至善、切问近思"的办学理念,"在这里,与最好的自己相遇"的课程理念,以及学校构建有品位的校园文化、有品质的德育活动、有建树的教学探索、有修为的师生成长,都需要引入相应的教育教学改革,当下,实施项目化学习三年行动计划,这是本方案制订的现实依据。

　　3. 北蔡中学多年来以课题为引领,实践"面向生活"的课程教学,以"关注生活、理解生活、走进生活"为指针,为学生提供课程,满足学生对优质的教育与教学的需求,这与项目学习内容及学生生活联系紧密;注重不同类型知识的整合;强调学习的实证性;鼓励团体协作,发挥学习共同体的作用等特征有较强的一致性,这是本方案制订的目标依据。

二、指导原则

1. 满足学生有效学习的需求。培养学生学习的兴趣,发展个性特长,提升学生规范学习、自主学习、研究学习等学习素养;拓展学生的知识领域,培养创新精神和实践能力。

2. 满足学生多样发展的需求。培养学生的团队合作意识,提高学生的思想品德修养和审美能力,陶冶情操、增进身心健康,使学生爱国家、爱学校、爱生活,适应社会。

3. 满足教师专业成长的需求。提高教师的教育教学的主动性,提升教师的专业素养。

三、适用范围

1. 学科项目建设

本校在严格执行"国家课程方案"规定、"基础型课程"课程标准的前提下,以物理学科为试点,进而辐射到其他学科。鼓励教师根据本校学生实际,遵循"关注生活、理解生活、走进生活"的原则,寻找驱动性问题,形成相应的项目化学习设计方案,经学科教研组研究并报学校批准后执行。

2. 跨学科项目建设

本校教师应主动关心学生生活中出现的种种元素,经常思考如何激发、满足学生全面发展的各种因素,打破学科之间的壁垒,形成融合多学科知识能力的科创项目,经跨学科教研组研究并报学校批准后执行。

3. 活动项目建设

学校教科研室、教导处、政教处等管理部门,通过开展"学生需求"调查,本着"立德树人"的教育根本任务,综合本校办学理念和办学目标,学校资源、环境、师资等条件,融入爱国主义、社会主义核心价值观、中华优秀传统文化、公民道德等元素,设计实施相关的活动项目并报学校批准后执行。

四、操作流程

1. 申报

学校鼓励符合条件的教师申报参与"项目化学习项目"开发。

教师有意参与"项目"开发者,须填报《上海市北蔡中学项目化学习项目开发申报表》(附表一),并提供相应的"设想概要"与"初步计划",按程序向学校有关部门申报,经学校审核批准后下达。

在"项目"申报同时,需要编制讲义、习题集等的,还须同时填写《上海市北蔡中学项目化学习项目讲义、习题集等申报表》(附表二),并提供相关"内容大纲"或"目录"。

2. 审核

学校教科研室是"项目建设"的受理部门。

学校教科研室在收到教师申报后,应在三个工作日内,进行审议,在报经校长室同意后,做出"受理""修改后受理"或"暂不受理"的决定。

教师的申报被受理之后,由校长室组织"学校项目化学习项目领导小组"人员及有关专家进行综合审核,并在 30 个工作日内做出"通过""基本通过"或"不通过"的决定,通知教师本人。

3. 开发

凡"基本通过"或"通过"的教师,应按照"申报"时确认的目标、计划等着手进行开发,按预定的时间节点,形成初步方案文本,报教导处。经教导处审议,并报校长室批准之后,进入"试点"阶段。

4. 试点

"项目"的试点工作,由教导处根据教育教学的实际情况组织落实,并负责追踪考核。

试点期一般为一个学期。在试点期结束时,由教导处组织对本课程的实施情况进行考核,形成包括"学生反映""教师反思""同行评议"等内容的综合报告。

5. 评价

试点工作结束后,由教科研室收集各方资料,根据实际情况召集"项目论证会",形成专项文档,报校长室审定,最终决定是否纳入学校课程教学体系。

五、保障措施

(一)组织保障

1. 学校成立项目化学习实施管理领导工作小组

领导小组由校长担任组长,分管副校长担任副组长。教导主任、政教主任、教科研室主任、服务中心主任为基本成员。

领导小组的任务：设计学校项目化学习实施总体规划、管理制度，协调各部门工作，推进"项目方案"的实施。

2. 学校各业务部门明确职责

各业务部门根据工作职责，明确本部门在课程管理中的作用，确定专人负责此项工作，并定期向领导工作小组报告。

（二）资源保障

教师应在申报时提出包括所需经费、保障条件、学生基础等方面的基本要求，一经审核批准，学校相关部门应给予保障。

教师"项目"开发过程中凡涉及经费使用，应符合上级有关规定。

（三）绩效保障

学校绩效考核中，应纳入相应的内容，具体为：

1. "项目"申请绩效：未通过：1（工分）；通过：2（工分）

2. 讲义、习题集等编写绩效：通过的讲义：20（工分），未通过的给5（工分），修改审核通过后补15（工分）。通过的习题集：10（工分），未通过的给2（工分），修改审核通过后补8（工分）。

3. "项目"实施绩效：对于完成工作任务的任课教师给予课时量或工作量工分。对于未完成工作任务的任课教师根据教导处的课务统计，由校本管理领导工作小组评定教师该得的绩效。

4. "项目"奖励绩效：管理领导工作小组将能连续两年开设且学生满意度高的"项目"评定为学校的优秀项目。一次性奖励任课教师10（工分）；一次性奖励教材编写者10（工分）。

附表一

上海市北蔡中学项目化学习项目开发申报表

申报人姓名	学科	申报项目的名称
项目所需课时	讲义选用	讲义名称
	a. 选用已有讲义 b. 自编讲义	

续　表

项目实施方案：（可设附页）
学校项目化学习项目管理部门审核意见： <div align="right">上海市北蔡中学（章）</div><div align="right">日期：</div>

附表二

上海市北蔡中学项目化学习项目讲义、习题集等申报表

申报人姓名	项目名称	申报编写讲义名称
编写周期	编写参与人员	
教材编写方案：（可设附页）		
学校课程管理部门审核意见： <div align="right">上海市北蔡中学（章）</div><div align="right">日期：</div>		

上海市北蔡中学项目化学习项目实施计划

学年　　第　　学期

项目名称：_____　项目类型：_____（学科/跨学科/活动）

授课老师：_____　拟安排年级：_____　最高接纳学生人数：_____

项目目标：

_____

_____

续　表

项目简述：

_____

_____

实施本项目需要的条件和资源：

_____

_____

项目实施的流程或计划：

_____

_____

周次	项目内容

判断项目效果的标准和程序：

_____

审核程序：

_____

_____

_____

学校教导处审核意见：

_____

_____

学校项目领导小组意见：

_____

_____

备注：
1. 课程目标一项侧重于解决驱动性问题的同时培养学生的哪些核心素养。
2. 项目简述须讲清项目实施内容与拟解决问题之间的关系。
3. 实施本项目需要的条件和资源指实施本项目对教室、设施设备等的要求。
4. 判断项目效果的标准和程序指如何对学生学习本项目成效进行评价。
5. 审核程序侧重于两方面：A. "需求-满足"维度：学校期待、课改要求、学生态度；B. "规范-科学"维度：文本完整、方法适用、内容正确。审核结论：该项目方案能否执行。

上海市北蔡中学项目化学习项目执行情况记录表

1. 学生基础情况简要分析	

2. 现场教学过程记录（按每一课时一页设计）	
备课情况	
现场执行过程	
目标达成情况	
简要反思	

3. 执教教师自评	

4. 学生出席情况与考核记录

周次 姓名								考核记录

上海市北蔡中学项目化学习项目执行情况评价表

审核评价依据：

1. 执行过程的原始记录

    入项活动

    知识与能力建构

    探索与形成成果

2. 学生作品或典型案例

_____

_____

_____

3. 学生反馈情况

_____

_____

_____

4. 教学研究中心建议

_____

_____

_____

学校项目化学习项目领导小组评价

备注：审核评价从四个方面展开：

  A. "需求-满足"维度：学校期待、课改要求、学生态度；

  B. "规范-科学"维度：文本完整、方法适用、内容正确；

  C. "可行-绩效"维度：投入产出、受欢迎程度、达标率；

  D. "反馈-改进"维度：反馈及时有效，有改进的安排。

上海市北蔡中学建立项目化学习
项目资源库试点方案

为了有效推进学校项目化学习三年行动计划的实施，满足学生的学习需求，促进教师的专业成长，形成长效的学校项目化学习项目管理与评价机制，故制订本试点方案。

一、项目化学习项目资源库的内容范围

学校开设的学科项目、跨学科项目、活动项目。

二、课程资源库的形式

运用信息技术构建学校项目化学习项目资源库教师申报与学生选报平台。

三、教师开发的项目进入项目化学习项目资源库的申报

1. 申报流程

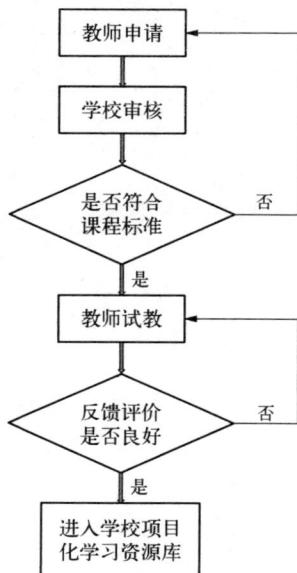

2. 申报说明

（1）教师本人撰写项目方案，向学校项目化学习管理工作组提出项目申请。

（2）学校项目化学习管理工作组审核教师所提交的申请报告，主要审核项目方案是否符合相关的课程标准，其中项目方案应包括驱动性问题、项目目标、项目实施、项目评价等部分，学校的审核可参照"四个维度"展开，分别是：

A. "需求-满足"维度：学校期待、课改要求、学生态度；

B. "规范-科学"维度：文本完整、方法适用、内容正确；

C. "可行-绩效"维度：投入产出、受欢迎程度、达标率；

D. "反馈-改进"维度：反馈及时有效，有改进的安排。

（3）学校审核通过后，教师开始试教，学校对试教的效果进行反馈评价，主要是检测"四个维度"是否能够落实或达标。如果能达到预期目标，该项目可获准进入学校项目化学习资源库，以备纳入学校的课程体系。

E

实践心得

项目化学习中学生自我管理能力培养策略

王雪晶

项目化学习是与现实世界相联系，以学生为中心，进行自我管理的一种学习方式。学生在学习过程中合作，发现、应用和表述问题。但是，在实践过程中，教师的引导和监督不可缺少，教师的参与可以保证研究目标的正确定位以及任务的完成度。从教师的角度来看，有以下几点可以培养学生自我管理能力。

第一，适当调控分组，营造积极的合作环境，建立和谐互利的师生关系。

学生之间进行合理分组，建立起相互信赖的小组群体是项目化学习能够顺利达成的保障。小组的分工在最初可以按照自愿分组，经过一轮的实践后，在学生充分认识到自我的前提下，教师可以依据学生的学习能力等进行适当的调控。小组进行合理分组后，能保证组内任务合理划分，学生协作学习，共同提高。在项目化学习过程中组内成员相互帮助、合作，小组之间合作与竞争，能够极大地激发学生的学习兴趣，激发大家的学习潜能，使学生共同进步。小组学习的过程，能够培养学生自主学习能力和创新精神。老师与学生之间建立起信任与被信任的关系。教师尊重学生，让学生感受到教师对自己的真诚相待。教师与学生之间深度交流，才能真实地了解到学生学习动态，从而建立师生间相互信任的关系，对于学生学习自我管理的培养和引导才能有效实施。

第二，引导、鼓励和监督学生。

引导，换句话说就是在开展项目化学习的过程中，当学生面对任务时茫然无措或遇到问题不知如何解决时，教师给予适当的帮助，引导学生找到解决问题的思路或方法。针对学生在实践中出现面对任务无从下手的情况，在之后的实践中带领学生制定总任务清单，引导鼓励学生制订小组计划和个人计划，教师对学生制订的计划是否可行及时给出反馈。小组合作学习中，需要实时关注学生，是否每个学生都参与到实践活动中，当学生没有能够参与实践以及没有能够达成目标的时候，教师应给予监督与督促。对于实践过程中重难点内容，教师给学生提供各种学习帮助。例如现场提供指导帮助,或者针对学习的重难点录制微视频。学生在教师的引导下充分利用微视频,自主探究学习,小组之间分享学习心得。但是教师提供给学生的学习支架,随着学生对项目化学习的适应,自主学习能力的提高,渐渐放手。整个学习过程中指导学生监控自己的学习过程,养成自我反思与自我监控的习惯,并引导学生在学习过程中要进行自我设计,自我认识,培养自我管理意识。

第三,小组管理制度建设。

制度建设在小组管理中起到关键作用。面对第一轮项目化学习中出现小组合作的问题,在接下来的实施过程中,可以采取制度控制的措施。有效的小组管理制度有:1. 项目进度的汇报制度。在项目实施过程中,成员每节课后提交自己的任务进度表,组长核实后组织组员一起研讨。组长将小组的进度汇总后向教师汇报。2. 项目的评价制度。项目的实施中要有诊断性和形成性评价,项目完成后对项目进行总结性评价,学生填写自己的项目进度表,填写已解决问题与未解决问题情况,并对自己进行诊断性评价。对小组活动中学生表现情况,自评、互评、教师进行形成性评价,让学生进行自我反思。这些评价对学生具有监督和激励作用,也是学生学习能力发展的表现。

项目制度建设主要是引导学生主动地对自己的实践进行思考,并对自身学习过程进行监控、评价、调节。在项目化学习活动之后能够对自己学习过程进行反思、评价。制度的保障可以培养学生严格自律的能力,加强学生的自我管理。学生之间的交流合作有助于学生正确认识和评价自己,懂得尊重和理解他人形成团队精神,进而促使学生学会自我管理。

总而言之,教师调控分组是项目化学习中学生自主能力发展成功的关键;教师的引导、监督和激励是项目化学习中学生自主能力发展必要条件;项目过程中小组管理制度建设是项目化学习中学生自主能力发展运行的保障。

在实践中提升对项目化学习的认识

邵 敏

"项目化学习是什么?""为什么要推进项目化学习?""如何组织开展项目化学习?"这三个困惑是学期初我接到通知要按课表上项目化学习这节课时,久久困扰我的问题。临近学期末,我才在不断实施、不断反思中探索到了一些"答案"。

对于我而言,"如何上项目化学习这节课"正是一个驱动性问题。为了上好这节课,首先,需要我理解什么是项目化学习;其次,需要我设定一个驱动性问题,建立框架;再次,在学生动态问题生成过程中,我需要随时跟踪辅导;而后,学生的成果和评价就是我这个项目的最终成果;最后形成课后反思,继续完善下一个项目。

为什么要推进项目化学习?大致分为三点:从课堂的反馈角度、专家评委的指导意见、项目化学习的本质上来理解。

1. 从自身授课后的反馈情况而言,项目化学习完美地解决了课堂时间不够导入数学情境的问题。例如《4.1 圆的周长》这一节课,教学目标为:(1)通过操作实验,得出圆的周长 C 与直径 d 的数量关系,形成圆的周长公式。(2)会用公式进行简单问题的计算。(3)在操作实验中,拓展合作、交流的意识。课堂更侧重于运用公式进行简单问题的计算。但是对于学生而言,对于实验操作的探究时间不够、教室环境也不便于大声地多人讨论。在我课后反思时,总是觉得这节课有些不尽如人意。但是在某次数学教研活动中,教研员徐颖老师正好提到了这一内容。原来在预备年级的科学课上,学生已经经历了用绳子测量一元硬币的实验过程。由于学科之间缺少关联互动,导致了学科知识无法串联。因此,项目化学习这一全新的教育模式以核心素养为指引提炼各学科的大概念,让知识变得"联动"。

2. 从专家评委的指导意见而言,项目化学习是一种改变学习方式的生动实践。在落实立德树人的根本任务、进一步深化课程改革的今天,我们的课堂想把"知识为本"的教学转变为"核心素养为本"的教学,把以讲授为中心的课堂转变为学习为中心的课堂,必须大力推进学习方式和教学模式的改变。在学校推荐的《项目化学习设计》一书中,书的开头,夏雪梅博士就抛出了一个值得我们所有教师思考的问题:身为教师,我们该培养怎样的人? 夏博士从经济文化视角、心理学视角、哲学视角和课堂视角做出了分析,得出结论:要培养儿童成为心智自由的终身学习者。真实世界的发展需要儿童成为心智自由的终身学习者。他们虽然有自主性,但不会自然而然地成为心智自由者。这时就需要教育的介入,要用教育"唤醒"学生,要通过教育帮助学生"成为自我学习者",并"让他们体会到学习的乐趣所在"。因此,项目化学习是目前教育模式的重大实践改革。

3. 从项目化学习的本质而言,也就是项目化学习是什么。项目化学习是以问题为导向的教学方法,是基于现实世界的以学生为中心的教育方式,是一种"任务驱动、角色引领"的教研模式。以"项目化学习"为导向推进学习方式的转变,瞬间也让我觉得我们在做的项目化研究是一件多么有意义的事情。这本书的书腰上写着"让每个孩子成为心智自由的学习者",这也正是项目化学习的宗旨。

既然项目化学习是如此有意义,那么项目化学习又该怎么实施呢? 项目化学习实施的关键就是设计,把学科概念转化为讨论的话题,也就是驱动性问题。这需要教师具备单元知识的整合能力,引导学生对课题产生充分的兴趣并进行探究。

经过一学期的项目化学习教学,我也进行了一些总结与反思。通过《我是学校代言人》这个项目,学生不仅通过实践了解了什么是项目化学习,还进一步了解了我们学校,正式完成了小学生向中学生的身份转变。项目之初,同学们由于彼此之间还有些陌生、对于项目化"过于自由的答题方式"不太适应等原因,还有些放不开手脚。因此我在网上搜索了关于项目化的短视频,用这样的方式让学生尽快融入项目,跳出思维定式。不同的学生运用不同的方式了解学校,例如:实地勘察、绳索测距、地图搜索、无人机拍摄。其中最让人惊喜的是学生运用自己的长处:无人机拍摄和软件编程完成了最后的汇报,巧妙地隐藏了本组绘画能力薄弱的问题。每位同学都参与到了项目化学习,也都从中收获不同的知识、丰富的体验,同学们发挥了自己不同的长处,让我看到了他们更多的可能。

当然,项目化的学习推进过程中还有很多困难:

困难一:课程综合性弱,教学目标难定位。实施过程中发现,项目化学习的主角变成了美术,引导学生避免单纯地当作一项美术作业来完成,以及怎样落实这些目标有一定难度。

困难二:课堂难把控,学生的想法很容易发散出去,讨论的方向可能偏离课堂要点,老师要把教学方向收回来很难。涉及小组合作和小组讨论,课堂比较活跃,需要独立的专用教室。

困难三：汇报课不够有序和深入，发现学生对于"看其他组的成果"表现得漫不经心，导致不知道怎么去评价他人的成果。有些同学的汇报又太过"精彩"，偏离了主题。

在这些难点显现之后，教师需要更充分地做好课程的准备、课堂的设计、汇报的组织。相信之后的项目化学习开展过程中会更加顺利，同学们也能收获更多。

项目化学习中教师的挑战

徐金佳

项目化学习不仅仅能够让学生"在做中学",通过一个驱动性问题,让学生获取知识,提升学生的学习能力,同时也能够让教师在各种教学挑战中有着丰厚的收获。

首先,要展开项目化学习,教师的沟通能力是举足轻重的。教师要学会和学生沟通:项目展开前期,要针对他们对新学期、新学校的看法以及对全新校园生活的体验进行讨论。教师可以让学生集思广益、分享自己的想法,并对他们进行具有建设性的评价,如果学生们还不够积极,教师可以不断向他们提出问题,并挖掘他们对项目主题的反应。其次,教师还要和采购老师进行沟通:在本项目展开初期,就需要确定好课程过程中所需要的材料,比如卡纸、彩笔、胶水等。提前准备好材料有助于后续课程的展开。此外,和同项目组的老师探讨课程过程中遇到的问题,根据共通的问题,做出及时、有效的调整也是十分必要的。比如针对"学生不够清晰了解学校平面图"的普遍问题,教师可以商量并改变授课方式,让学生对驱动型问题有更加直观的认识。

其次,教师作为最熟悉课程内容的人,应当梳理好课程的材料,以寻找教学内容与课堂外的世界之间的联系。学生通过项目化学习探索,不仅可以获取校园内的知识,学生还可以提升能力,对未来的生活、规划以及学校之外的世界都能有正面的影响,这对于学生成长有着重要的意义,而这一意义早已超越了课堂本身。教师所要做的,是成为这一联系的纽带,通过项目化的学习,让课堂内外联动起来。

其实在课程的展开过程中,教师通常会对学生拥有一个全新的认识。教师在和学生交谈对于如何解决驱动性问题时,学生不仅能够积极提出问题,也能从不同学科的课本中找出答案。一节课的教学过程,大大颠覆了老师认为学生"不会提问题""不会解决问题"的刻板印象。除了学生们令人"惊喜"的表现,学生们以小组为单位完成项目时,他们的参与程度、兴趣和投入程度都是可以直观看到的,这一切给了教师们莫大的鼓励。

　　当然，教师开展项目化课程中有一个显而易见的难题，就是如何对学生的项目成果进行考察和评估。学生主导探究会给课程评估带来极大的不确定性和非限定性，而事实上，项目化课程的评估是一种过程性评价，而非分数评估。教师应当改变自己的"旧想法"，项目化学习的评估需要的不是一套非常严谨和系统的评估标准，它应该通过"汇报交流"等形式，来评判学生的自主学习、批判性思维等能力。

　　项目化课程的展开，不仅仅是学生学习和提升能力的过程，同时也是老师边学边做、获得经验的过程，教师可以将这些经验融入自己其他的教学环境中。

由项目化学习谈地理学科教学

纪露海

PBL（Project-Based Learning，项目式学习）是一种教学方法，即学生在一段时间内对真实的、复杂的问题进行探究，并从中获得知识和技能。符合"黄金标准"的项目式学习，在项目设计时不仅需要关注学生的学习目标，同时也需要考虑满足以下各项核心要素。

1. 重点知识的学习和"成功素养"的培养：项目不仅关注教育大纲下各科知识的学习，同时也关注学生批判性思维能力、解决问题的能力、团队协作的能力和自我管理的能力的培养。

2. 有挑战性的问题：项目式学习的核心是解决一个有意义的问题。这个问题应该具有一定的挑战性，但同时又不能难到让学生望而却步。

3. 持续性的探究：项目式学习的过程中，学生针对提出的问题，查找、整合和使用信息。

4. 真实性：项目的真实性一方面体现在以解决真实世界的实际问题为目标，应用真实的工具和评估标准，成果或产品会产生真实的影响；另一方面，若项目能真实地表达学生个人的兴趣爱好或生活中关心的问题，也会为项目的真实性加分。

5. 学生的发言权及选择权：学生需要对项目有自己的发言权，包括做什么和怎么做。

6. 反思：学生和老师在项目过程中需要针对各个环节进行反思，包括：学习的内容、探究和项目执行的有效性、项目成果的质量，项目中遇到的问题及解决方案。

7. 评论与修正：学生们需要提出及接受意见和建议，并知道如何基于反馈来改进他们的执行方案、完善他们的产品。

8. 项目成果的公开展示：学生们需要向同学、老师以外的公众阐释、展示或者呈现他们的项目成果。

认识基于项目的学习之前，有必要先了解一下"项目"。生活中我们常说的"项目",就是一种任务,人们在资源的支持下,去创造特定的产品或者服务。基于项目学习中的"项目"是其在教育领域的延伸、发展及具体运用。

基于项目的学习(Project-Based Learning,简称 PBL),也称专题学习,是让学生通过安排围绕项目的真实学习任务,综合各学科知识,在合作学习的环境下,设计并实施一系列的探究活动,并把探究成果进行表达和交流的教学模式。这种学习主要由基本问题、项目设计、工作计划、项目管理、最终产品和评价反馈六个因素构成。其中,"基本问题"来自现实生活;本身蕴含的知识是多学科的;有一定深度,值得学习者进行深度探究;难度适宜,学习者有兴趣、有能力进行探究。而"项目设计""工作计划"和"项目管理"这些活动,都是为了促进探究活动的展开。活动的方式丰富多样,个别化学习、小组学习等各种学习方式能够适应各种学习风格,为不同智能特点的学生们提供展示的舞台。另外,活动应具有挑战性,在活动中,学习者需要应用知识,能够对知识进行记忆和迁移。但需要注意的是,所有活动都是在真实情境中展开,支持学习者进行合作,拓展能力。基于项目学习的最终产品,可以是学习结束时学习者学会的知识或技能,也可以是为解决某问题设计出的方案或成果。在获得最终产品后,举办产品报告会等交流会,能够激发学生的学习动力,分享学习经验和体会。但对于完整的 PBL 来说,最终产品的获得并不是学习的结束。对最终产品和活动过程进行评价并提供反馈,会为学习者的学习带来更多支持。评价的对象可以是 PBL 中的任何一部分,例如项目计划、项目管理、学习者对知识的深层理解能力等;评价者可以是教师、专家、研究人员,也可以是学习者本人;评价的方式可以是互评、自评等。总体来说,PBL 让学生主动参与到了项目中来解决有价值的问题,自主完成学习,得到成果并进行展示交流,实现了课堂的重构,能够取得比传统课堂更好的成绩,并提升了创造性解决问题的能力。

结合地理学科的教学,做以下项目化学习教学设计。

1. 项目问题的提出

在"地球的运动"这一专题学习中,结合新课改教学目标以及本校学生学情,提出具体的探究项目:(1)昼夜交替跟地球哪种运动有关?(2)四季变化又是哪种地球运动导致的? 在提出项目问题以后,教师为学生简要地介绍地球自转和公转相关概念,奠定理论基础。

2. 项目实施

项目一:准备相关道具:电灯泡、地球仪、透明玻璃球。

教师引导学生利用电灯泡、地球仪、透明玻璃球来模拟地球运动。

第一组实验：假设地球是一个透明的玻璃球，用电灯泡照射在玻璃球上，保持小球不动，观察小球的亮面暗面（代表昼夜）情况，学生小组分工操作实验并进行记录。

第二组实验：假设地球是一个透明的玻璃球，用电灯泡照射在玻璃球上，然后让玻璃球沿着一个方向进行自转运动，继续观察小球的亮面暗面（代表昼夜）情况，学生小组分工操作实验记录观察结果。

第三组实验：假设地球仪代表真实的地球，用电灯泡照射在地球仪上，保持地球仪不动，观察地球仪的亮面暗面（代表昼夜）情况，学生小组分工操作实验并进行记录。

第四组实验：假设地球仪代表真实的地球，用电灯泡照射在地球仪上，然后让地球仪沿着一个方向进行自转运动，观察地球仪的亮面暗面（代表昼夜）情况，学生小组分工操作实验并进行记录。

第五组实验：假设地球仪代表真实的地球，用电灯泡代表太阳，然后让地球仪沿着太阳做匀速的圆周运动，观察地球仪的亮面暗面（代表昼夜）情况，学生小组分工操作实验并进行记录。

对比实验结果，总结昼夜现象跟地球本身是否透明有无关系；昼夜现象跟地球自转和公转有无关系；探讨昼夜交替与地球自转和公转有无关系；探讨昼夜交替与地球自转和公转方向有无关系。

最后得出结论：昼夜交替现象产生的原因是什么？

项目二：准备相关道具：电灯泡、带穿孔的乒乓球、绳子、粉笔、黄纸板、红纸板。

教师引导学生对地球公转现象进行模拟，用绳子制作成椭圆形的地球公转轨道，并附着在代表黄道平面的黄纸板周围，把乒乓球穿在绳子上代表地球，电灯泡代表太阳。

第一组实验：假设地轴不倾斜，太阳直射地球，观察在地球公转过程中，太阳光照在地球表面的分布，对照的温度带的分布，学生小组操作实验并进行相关观察结果记录。

第二组实验：让地球倾斜45°或者能用肉眼看出的倾斜度，用红纸板代表这个倾斜的角度，太阳直射地球，观察在地球公转过程中，太阳光照在地球表面的分布，对照的温度带的分布，学生小组操作实验并进行相关观察结果记录。

第三组实验：用红纸板代表这个倾斜的角度，不断增大这个倾斜的角度，太阳直射地球,观察在地球公转过程中,太阳光照在地球表面的分布,对照的温度带的分布,学生小组操作实验并进行相关观察结果记录。

对比实验结果,总结热量也就是温度带在公转时地轴倾斜和不倾斜时的分布范围;太阳直射点在地球公转过程中地轴不倾斜和倾斜时对应的位置变化;太阳直射点位置变化与对应温度带变化的联系。

最后得出结论:四季变化现象与地球运动的关系。

3. 项目展示及评价

在各组学生完成项目实验探究后,教师引导各组学生对自己组的项目实验成果进行展示交流汇报(形式可以是 PPT、表格、数据对比等),并让学生总结自己在实验过程的猜想和证明操作以及遇到的问题。教师指导各小组学生成员进行交流。适时地加入一些相关的拓展问题(比如公转速度和自转速度一样会出现什么现象?)挖掘学生深度思考能力和锻炼学生空间思维能力。教师引导学生对项目中涉及的知识点进行总结归纳、系统梳理,促使学生对项目问题有更深的理解。对项目中产生的新问题进行资料搜索、实验模拟操作,观察实验结果并大胆假设,小心求证。

最后教师对学生整个项目开展情况进行评估,包括学生在做实验过程中的操作步骤是否规范、记录实验的文字描述是否准确、资料收集的完整程度、各组成员的参与程度、模拟实验的开展情况、语言表达的精确度等,同时教师要指出各组学生项目完成中存在的不足,提出优化校正策略,促使学生可以在今后更加规范地开展项目活动。

对项目化学习两点认识

郭凯娟

在传统的教学中,大量琐碎的知识和机械重复的学习,往往只是让学生抓住了细节的点点滴滴,不能让学生有整体的、大的轮廓,看不到不同细节和事件背后的相互联系,不能将所学的知识运用于实践。针对这些问题,项目化学习应运而生。通过一学期的项目化培训学习,我对项目化学习也有了更深的认识,在这里分享一下我的心得。

首先,我所理解的项目化学习就是一个改变学生学习方式的实践过程,在进一步深化教育体制改革的今天,我们要做到把"以知识为本"转化为"以核心素养为本"的教育模式,为此项目化学习至关重要。我们一直在践行培养学生的核心素养,旨在强调用知识去解决问题,在解决问题的过程中形成自己的认知,但是我们发现学生对于所学的知识仅仅是记住了,并不会运用到解决生活中的问题当中,就好像学校学习的知识完全不属于生活一样,显然这是不可能的。所以项目化学习要做的就是以问题导向的方式,指导学生整合所学的不同科目的知识去解决生活中的问题,而且在这个过程当中学生的学习方式也会得以改变。以往大多数时候都是老师在讲,学生在听,课堂当中学生的主体性体现得较少,而项目化学习需要学生去解决某一个问题,对学生具有明确的导向作用,在这个过程中学生就会去主动查找资料,主动去学习解决这一问题需要的技能,所以说,在项目化实施的过程当中,学生学习的主动性会得到极大的提高。

项目化学习更需要老师转变教学方式,老师要学会放手,由主导者转变为学习的设计者和支持者。针对驱动性问题、学习过程、学习结果评价都要精心设计,项目化学习更注重的是过程评价,不能单单注重最终所呈现出来的结果,学生完成项目化的过程同样重要。驱动性问题对于激发学生注意力、使学生投入到项目探索中具有关键作用。在驱动性问题的设计中,要注意将具体内容提升为更本质的问题,将问题放到具体的情境中去,驱动学生思考。项目化学习基于学科而又超越学科,可以一个学科为载体来设计项目化学习,也可以多个学科结合来设计项目化学习,这也就需要老师聚焦学科关键概念的能力,进行学科与学科、学科与生活、学科与人际的联系与拓展,但学科项目化学习不是学科知识的活动化,而是学科核心知识在情境中的再构建与创造,同时跨学科的项目化更是学科知识在生活情境中的再构建与创造。

在平常的教学过程当中要注重培养学生的跨学科思维,注重引导学生根据所学的知识去解决生活中的问题。同时,教师自身要不断学习、不断反思并总结经验,从而更好地指导学生。

图书在版编目(CIP)数据

笃行：上海市北蔡中学项目化学习实践探索 /史炯
华主编. —上海：文汇出版社,2022.10
ISBN 978 - 7 - 5496 - 3886 - 4

Ⅰ.①笃… Ⅱ.①史… Ⅲ.①中学－教学研究－上海
－文集 Ⅳ.①G632.0－53

中国版本图书馆 CIP 数据核字(2022)第 174958 号

笃 行

——上海市北蔡中学项目化学习实践探索

主　　编／史炯华
策划编辑／张　涛
责任编辑／汪　黎
封面装帧／梁业礼

出版发行／ 文匯出版社
　　　　　　上海市威海路 755 号　(邮政编码 200041)
经　　销／全国新华书店
排　　版／南京展望文化发展有限公司
印刷装订／上海新文印刷厂有限公司

版　　次／2022 年 10 月第 1 版
印　　次／2022 年 10 月第 1 次印刷
开　　本／787×1092　1/16
字　　数／240 千字
印　　张／14

ISBN 978 - 7 - 5496 - 3886 - 4
定　　价／80.00 元